気づけない毒親

高橋リエ

Rie Takahashi

毎日新聞出版

気づけない毒親

はじめに

あなたがこの本を手にとったのは、親のことで悩んでいるからでしょうか？

それとも、ご自身が「毒親《どくおや》になってしまっているのでは？」とお悩みだからでしょうか？

あるいは、お子さんから「あなたは毒親だ」と責められて、驚き、戸惑っているからでしょうか？

そのいずれの方にも、この本は、お役に立つと思います。

「毒親」なんて、ずいぶんとキツイ表現ですが、もともとは、スーザン・フォワード著『毒になる親』（Toxic Parents）という本のタイトルから生まれた言葉で、「子どもにとって、毒になる親」という意味です。

けっして、見るからに「ひどい親」という意味ではありません。むしろ、まじめで、一生懸命な、ちゃんとした人たちが多いのです。

他人からは「いい人」と思われていることが多いし、自分でも「いい親だ」と思っていることも多いです。

それなのに、子どもにとって「毒」になってしまうことがある――そこが、この問題の、やっかいなところなのですね。

この「子どもにとっての毒」とは何かというと、ひとことで言えば「強い不安」です。

不安が強いと、何につけても不安が先立ち、アラや不足ばかりに目がいきます。そして、自分の不安を解消するために、身近な家族、とくに子どもを、思い通りにコントロールしようとします。

その結果、心配性で過干渉になる。それが、「毒親」なのです。

「ええっ、そんな親、そこらじゅうにいるじゃない！」と思ったでしょうか？

その通りです。

親なら誰でも、子どものことを心配します。そして「よかれと思って」干渉します。それをやりすぎると、「毒」になるのですね。

親の過干渉は、子どもの自主性を奪い、「カゴの鳥」にしてしまうので、子どもは生きづらくなります。ですが親は、「子どものため」と思い込んでいるので、なかなかそれに気づけません。

過干渉になる親は、みな心配性です。いったい何を心配しているのでしょう？

「子どもがお友達と仲良くしているだろうか」「いい成績をとって、いい学校に入れるだろうか」「いい会社に就職して、いい人と結婚できるだろうか」「孫は生まれるだろうか」「一生、安泰《あんたい》に暮らせるだろうか」……。

などなど、子どもが何歳になろうと、つねに心配しているのです。

なかには、子どもが「人並み路線」から外れそうになると、大騒ぎして反対したり、進学先や就職先、交際相手や結婚相手まで、気に入らないと文句をつけて、断固阻止し、自分の思い通りにさせようとする親たちもいます。

少しでも不安要素があると、口を出さずにいられないのですね。

つまり、本当は、子どものためではなく、「自分が安心したい」から、心配しているのです。

不安がない親はめったにいませんので、普通の親と、毒親とのちがいは、「程度の差」にすぎないと思っています。

心配したり、干渉することはあっても、子どもが自分の思い通りでないときに、子どもの意思や気持ちを尊重し、黙って見守ることができるなら、毒親ではありません。

子どもを尊重したり、気持ちをくんだりする余裕がまったくなく、子どもへの不平不満や指示命令が、口をついて出てしまう。ヒステリックになったり、強迫的に子どもを追いつめてしまうなど、自分の感情をコントロールできないほど不安が強いと、子どもを傷つけ、主体性をつぶす、毒親の範疇《はんちゅう》に入ってきます。

さらに、心配性で過干渉な親の多くは、頭がカタく、マルかバツか、ゼロか百かの二極思考になりがちです。そして、「こうでなければいけない」という「思い込み」が強い傾向があります。

この「柔軟性のなさ」「思い込みの強さ」もまた、子どもをがんじがらめに縛る「毒」になります。


昭和生まれの親は、おおむね「戦後」の価値観で生きています。

「我慢しなければいけない」「競争に勝たなければいけない」「人に好かれなければいけない」「優秀でなければいけない」「強くなければいけない」「急がなければいけない」「怠けてはいけない」……。

そんな「思い込み」がたくさんあって、そうでないと「生きていけない！」と、無意識に恐れています。

恐怖感とセットになった「思い込み」は、「強迫観念」になります。

だから、子どもが我慢しなかったり、競争に負けてもノホホンとしていたり、のんびり時間に遅れていると、強い不安を覚え、「もっと頑張りなさい」「勉強しなさい」「早くしなさい」とハッパをかけます。

「そうしなかったら、生きていけないよ！」と、暗に脅しているのです。

また、子どもが親の想定外のことをしようとすると、不安が先に立つため、「そんなことはやめなさい」「あなたには無理」とダメ出しをしがちです。

日々、親から脅され、やりたいことができない子どもは、しだいに生きる気力が低下していき、不登校やひきこもり、摂食障害などの症状を出すこともあります。

つまり、親の不安や強迫観念の強さが「毒」となり、子どもを追いつめ、消耗させてしまうのですね。

ということで、わたしの毒親の定義は、こうなります。


「不安が強く、強迫観念から子どもをコントロールしがちで、子どもの気持ちを思いやれない親」

子どもを怖がらせて支配する頑固親父なんて、昔はたくさんいたし、親なんてそういうものなのでは？　と思う方もいらっしゃるでしょう。

それも、その通りです。

昭和の時代には、親が毒親であっても、それが問題になることはありませんでした。むしろ、どんな親でも、子どもは親に「感謝しなければいけない」という風潮が強かったのです。

それは、昭和という激動の時代、とくに戦中戦後は、人々がただ「生き延びる」だけで精一杯で、衣食住を確保するために、文字通り、必死で頑張らなければいけない時代だったからです。

大人も子どもも「我慢する」のが当たり前で、「食わせてもらっている」だけでもありがたい時代だったからです。

日本は、戦後数十年で、世界有数の豊かな国になるという、急激な変貌を遂げました。

そして平成になり、モノがあふれ、衣食住があり余るようになって初めて、「親にずっと支配されてきて、苦しい」「親に尊重してもらえなかったから、こんなに生きづらい」といった声が上がるようになり、「親の問題」が公《おおやけ》に浮上するよううになったのです。

言い換えれば、もはや、必死で頑張らなくても生きていける時代、親に従わなくても食べていける時代になったので、親の支配や、我慢を強いられることに、もう耐えられなくなった、ということです。

そして、「気持ちをわかってほしい」「意思を尊重してほしい」「もっと自由に、自分らしく生きたい」といった、ワンランク上の欲求が強まり、それを阻害《そがい》するような親を「毒」と言って、はばからなくなった。そういうことだと思うのです。

今苦しかったり、生きづらいのが、なぜ親のせいなのか？　そんな昔のことが、今と関係あるのか？　と疑問に思っている方もいらっしゃるでしょう。

それも、もっともです。

実は人は、子どものときに見聞きすることで、世の中のあらゆることについて一般化し、概念や思い込みを作っていきます。そして、成人後は、それにのっとって、生きていきます。

だから、子どものとき、親の言動で、「自分はダメなんだ」「理不尽に怒鳴られるんだ」「誰も助けてくれないんだ」などという思い込みができると、大人になっても、何をやっても自分はダメだと感じたり、どこへ行っても怒鳴られるし、困っていても誰も助けてくれない、という経験を繰り返します。

そのため、しだいに生きづらくなるわけです。

このことについては、後ほどくわしくご説明していきますが、だからこそ、子育ては重要なのであり、核家族化がすすんだ今、子どもの人生に及ぶ親の影響が、かつてないほど、大きくなっているのです。

もちろん、「そんなことは知らなかった」という方がほとんどでしょうし、昭和を生き抜いた世代は、子どもに衣食住と教育を与えるだけで精一杯で、それ以上のことなど、考える余裕もなかったのは、致し方ない面があります。

ところで、子どものため、家族のためと思って、一生懸命やってきたのに、今さら「毒親」呼ばわりされるなんて心外だ！　自分はずっと親に感謝してきたのに！

と憤懣《ふんまん》やるかたない方も多いでしょう。

そのご心情も、もっともなことと思います。

ですが、「親のせいで、こんなに苦しい」と訴える子どもに、「何を甘えたことを言ってるんだ！　この親不孝者！」としか言えなければ、親子の歩み寄りはありませんし、行き着く先は「絶縁」です。

実際に親と絶縁している方は、少なくありませんし、「親の葬式にも行かないと決めています」とおっしゃる方もいます。

親との関係、子どもとの関係をどうしたいかは、人によって異なりますし、こうでなければいけない、ということもありません。

ただ、いちばん身近な人間関係である親子が、まったくわかりあえない状態というのは、とても残念だし、悲しいことだと思うのです。

わたしは、親子関係専門カウンセラーとして、親の干渉と支配に悩んでいる方、自分が子どもにきつくあたりすぎて悩んでいる方、子どもの不登校や摂食障害、リストカットなどに悩んで苦しんでいる方など、3000人を超える方々のお話をうかがってきました。

そして、なぜそうなってしまったのか、どうすれば問題が解決するのかを、とことん追求してきました。

この本では、親子が互いに、少しでも理解し合えるようになるために役立つことを、個人レベルだけでなく、社会的な観点からも、ご説明していきます。

わたしたちは、親の子であると同時に、社会の子でもあります。個人の価値観は、育った時代の影響も、大きく受けるからです。

子どもにとって毒になってしまった親たちを、責めるつもりは毛頭ありません。なにしろ、わたし自身が、「気づけない毒親」だったのですから。

ただ、親がよかれと思ってやっていることが、実は子どもを傷つけていたり、親にとって有効だった価値観が、子どもに深刻な生きづらさをもたらしていることなど、個人ではなかなか気づきにくいことを、自省をこめて、お伝えしていくつもりです。

昭和の時代に、日本人は戦争という、極限まで苛酷な状況を経験しました。

不安という「毒」は、元をたどると、二、三世代前の戦争体験、まさに「死の恐怖」に行き着きます。

「戦後は終わった」と言われてすでに久しいですが、この「内なる不安」は、世代連鎖して、今なお、多くの日本人の意識の中にくすぶっています。

その解毒が始まった、平成時代という過渡期を経て、新たな令和時代に入りました。

この新しい時代に、ますます解毒がすすみ、親子の関係がよりよいものになっていくことを、切に願っています。

Contents

Part 2

日本の子育てが、おかしくなっている

Part 3

心配性で過干渉な親が子どもに呪いをかける

Part 4
家族の関係をよくするために

ブックデザイン　アルビレオ
イラストレーション　山口鈴音
校閲　中村一美（くすのき舎）

Part 1

毒親って、どんな親？

毒親度をチェックしよう

毒親かどうかは他人にはわからない

わたしのカウンセリングのお客様の多くが、いわば「毒親育ち」なのですが、そんなお客様から、「親にこんなことをされた」というお話を、これまでたくさんうかがってきました。

お客様のお話によく出てくることをリストアップしたのが、次の「毒親度チェック」の項目です。

子どもに毒親だと思われている親御さんの多くは、外面《そとづら》がとてもいいので、他人から見ると、感じのいい、親切な人たちです。

しかもわたしの経験では、お客様のお母さんたちは、意外にも美人が多いのです。なので、他人から見ると「美人で感じがよく、親切ないい人」が実は、子どもにとっては毒親である、ということが往々にしてあるのですね。

毒親の特徴のひとつが、外面と内面《うちづら》の差が激しいこと。そのため「人に言っても誰も信じてくれません」と嘆くお客様が、多いのです。

ハタからはわかりにくい、また、自分でもわかりにくい毒親度を、以下のチェック項目で、はかってみてください。

不安と神経疲労の強さ

□つねに、悩みや心配事がある。
□眠れない夜は、最悪のシナリオを考えて、モンモンとする。
□いつも家事や仕事などに追われている。
□家事を完璧にやらないと気がすまない、あるいは家事ができず、家が汚屋敷になっている。
□何事も、人にどう思われるかを気にして行動している。
□世間体の悪いことは、なんとしても避けたいと思っている。

学齢期の子どもに対して

□「早くしなさい！」「片付けなさい！」「ちゃんとしなさい！」などと、毎日うるさく言っている。
□子どもがダラダラ、のんびりしていると、無性にハラが立ってくる。
□子どもが自分の言う通りにしないと、カーッとなる。
□ゲームやスマホなどを禁止、あるいは時間制限している。
□子どもに言いたいことは、思いついたら即、言っている。
□子どもがどこで何をしているか、つねに把握《はあく》していたい。
□きょうだいがいる場合、「この子はよくできる」「この子はダメだ」などと思っている。
□上の子と下の子、息子と娘で、対応がちがう。
□子どもの机の引き出しをチェックしたり、日記や手紙を読んだことがある。
□子どもが自室にいるとき、ノックせずに、部屋に入る。

□1日に何度も、子どもにラインやメールをすることがある。
□子どもの洋服などを一緒に買いに行き、結局、自分が選ぶ。
□子どもに、夫や姑、親戚、近所の人のグチを言っている。
□子どもの反抗期がなかった。

成人した子どもに対して

□子どもには、専門職の資格をとってほしいと思っている。
□子どもが、公務員になるか、有名企業か銀行、医療機関に勤めることを望んでいる。
□自活している子どもに、食料その他を、よく送る。
□子どもの交友関係や、異性関係に口出しをして、交際をやめさせたことがある。
□子どもに、結婚後も近くに住んでほしいと思っている。
□所帯を持った子どもを、自分の敷地内に住まわせている。

夫や実家族に対して

□配偶者より、親の言うことのほうが正しいと思う。
□親には逆らえない、あるいは逆に、親とは疎遠《そえん》にしている。
□親の老後の面倒を見るのは当然だと思う、あるいは、親の面倒は見ないと決めている。
□自分のきょうだいとは、仲がよくない、あるいは交流がない。

自己愛と幼児性の強さ

□自分は正しいと思っている。
□自分は、「いい人」「いい親」だと思っている。
□外に出ると笑顔だが、家の中では不機嫌なことが多い。
□家族と話しているとき、「でも」「だって」とよく言う。
□家族に何か言われると、責められたと感じて逆ギレしたり、話をそらしてしまう。

□家族に謝れない、あるいはすぐ謝ったり、泣いたりする。

□家族と会話すると、いつも自分の話に持っていってしまう。

いかがでしょうか？　毒親さんにもいくつかタイプがあり、矛盾する項目もありますが、これらの半分以上にチェックが入るようだと、あなたは子どもにとって「毒親」なのかもしれません。

次に、毒親には、どんなタイプがあるかをご紹介します。

それぞれの特徴と、子どもにどんな影響を与えるかを説明することで、なんとなく、毒親のイメージが具体的につかめるかと思います。

なかには、「本当にこんな親がいるの？　信じられない！」と感じる方もいると思いますが、以下の例はすべて、お客様の実体験に基づいており、それをわたしなりに分類したものとなっています。

毒母のタイプ

6つのタイプの毒母

わたしは、毒親である母親、つまり「毒母」には、以下の6つのタイプがあると感じています。

もちろん、すべての毒母が、きれいに6つに分類できるわけではありません。部分的に当てはまることもありますし、いくつかのタイプを兼ね備えた、複合タイプもあります。

ジャイアン・タイプ ―― 毒舌・罵倒は当たり前

典型的な、わかりやすい毒母です。口が悪く、つねに攻撃的で、恐怖で子どもを支配します。

「おまえなんて、ダメだ」
「どうせ、できっこない」
「おまえなんて、産まなきゃよかった」

などと、自分の思い通りでないときに、子どもを悪しざまに罵《ののし》ったり怒鳴ったりして、否定的な言葉を容赦なくぶつけてきます。

「おまえみたいなブスは、結婚できない」などと、それがわが子に言う言葉？と耳を疑うようなことも、平気で言います（ちなみに、こう言われた方は、ブスとは程遠い、とてもかわいらしい方でした）。

ジャイアン・タイプは、手や足が出ることもありますし、場合によっては、子どもの髪をつかんで引きずり回したり、庭に放り投げたり、玄関にたたきつけるなど、かなり暴力的なタイプでもあります。

思春期前までの子どもは、親の言葉を真に受けますので、このタイプの母親に育てられると、自己否定的な思い込みができて、成人後もその影響が及びます。

また、さんざん恐ろしい目にあいますので、それがトラウマとなり、後年になってパニック発作や対人不安、視線恐怖など、さまざまな症状が出ることもあります。


ジャイアン・タイプには、サブタイプが2つあります。

ひとつは、普段はやさしいのに、スイッチが入ると般若《はんにゃ》のように変貌する「豹変《ひょうへん》型」。もうひとつは、たとえば男の子や下の子はかわいがるのに、長女にだけつらくあたるといった「差別型」です。

母親の機嫌がいつ急変するかわからないのは、幼い子にとって大きな恐怖です。子どもはつねに母親の顔色をうかがうようになり、成人後も、人の顔色をうかがって生きるようになります。

また、きょうだいの中で、自分だけひどい扱いを受けるといった理不尽な経験を重ねると、成人後も、繰り返し、理不尽な目にあったりします。

このように、毒親の言動により、成人後も本人にとって不都合な影響が及ぶことを、わたしは「毒親後遺症」と呼んでいます。

かわいそうな母タイプ――罪悪感でコントロールする

子どもが思い通りにならないと、つらそうにしたり、泣いたりして、子どもに罪悪感を持たせることでコントロールするタイプです。

子どもはかならず、

「自分が悪いんだ」
「お母さんがかわいそう」

と思い込み、母親を助けようとするので、結果的に、母親の思惑通りに子どもはコントロールされます。

夫の支配が強い場合によく見られ、子どもは「お父さんが悪者」で「お母さんは被害者」だと思い込みます。

成人後も、母親を助けることを優先し、自分や自分の家族を後回しにしていたり、母親の際限ないグチの聞き役に徹《てっ》していたりします（子どもが母親のグチを聞かされる、というのは、どのタイプにも共通していますが）。

そうやっているうちに、母親にエネルギーを吸い取られ、年齢とともに心身が消耗して、具合が悪くなったりします。

また、両親を見ていて、「女はつらい」「女は耐えるしかない」「男は女を殴る・怒鳴る」「男は女に負担をかける」といった思い込みができることが多く、実際に、夫など身近な男性に、浮気をされたり、借金されたりして、負担をかけられ、つらい思いをしていることが、よくあります。

パフォーマンス・タイプ――手段を選ばず思いを遂げる

自分の思い通りにならないと、親戚中に電話をして、子どもの悪口をふれまわったり、アポなしで押しかけてきて玄関先でわめいたり、子どもの家の前で倒れてみせたりする、パフォーマンスが派手なタイプです。

子どものことが心配になると、いてもたってもいられなくなり、子どもの友人に、片っ端から電話をかけて情報収集しようとしたり、子どもが嫌がっているのに、学校に押しかけて先生に直談判《じかだんぱん》したりします。成人した子どもの勤務先に、アポなしで押しかけることもあります。

びっくりするような過剰反応をして、周囲に迷惑をかけるため、子どもとしても、距離をおいてスルーするということができません。

また、「自殺してやる！」と言って子どもを脅すなど、自分の思いを通すためなら手段を選ばないので、対応に苦慮させられ、やはり子どもは心身が消耗していきます。

ちなみに、このタイプに限りませんが、毒親さんには、「1年後には、わたしはもう生きてないから」と毎年言うなど、「死ぬ、死ぬ」と言いながら、長生きしている人が少なくありません。

戦争の後遺症で死を異常に恐れているため、親戚の葬式に子どもを行かせまいとしたり、そもそも亡くなったことを知らせないなど、「死」に対する感覚が普通ではないことが、よくあります。

なかには子どもの頃、母親が「言うことを聞かないなら、お母さん、死んじゃうから」と言って、窓から飛び降りようとした、という恐怖体験をした方もいます。生い立ちが厳しく、トラウマによる「内なる恐怖」が強いほど、自己コントロールが一切きかず、衝動的にとんでもない言動に及んでしまう。それが、このタイプです。

至れり尽くせりタイプ――レールを敷いて巧みに誘導

子どものために日々、世話を焼き、献身的に尽くしながら、子どもが自分の敷いたレールの上を着実にすすむよう、巧みに誘導するタイプです。

かいがいしく面倒を見て尽くしてくれるので、子どもも逆らいにくく、お母さんのために頑張り続けて自慢の子どもになり、高学歴でステータスの高い職につくことが多いです。

子どもをいわゆる「勝ち組」に育てあげるので、ハタからは、とても毒親には見えません。ですが、子どもの本心は半永久的に棚上げにして「よかれと思って」完璧に自分の思い通りにコントロールしているため、子どもの主体性はつぶされてしまいます。

子どもは成人後も親のために頑張り続けることが多く、長じてから、生きづらさが強まり、ウツになることがあります。

ただ子ども自身も、自分の人生は「うまくいっている」と思っていて、親に感謝していますので、親の問題には気づきにくいです。

逃避タイプ——子どもと向き合えない

仕事や夫、アルコール、宗教その他に依存して、母親業を放棄《ほうき》しがちで、たとえ衣食住には不自由させていなくても、子どもを心理的に放置してしまうタイプです（なかには、物理的な世話もできない人もいますが）。

自分も親に放置されてきたため、子どもとどう接してよいかわからなかったり、心理的な抵抗があって、子どもと向き合えないケースが多いです。

子どもに直接、ひどいことをするわけではないので、これもわかりにくいのですが、子どもが成人後、親密な人間関係を築きにくいとか、人間関係を避けてしまう、自分の子育てでつまずく、といった形で後遺症があらわれます。

自己愛タイプ――自分がどう見えるかがすべて

自分がよい妻、よい母であること、あるいはそう見えることが大事で、子ども自身にはあまり関心がないタイプ（自分ではそう思っていませんが）。

ハタ目には、家事や育児をまじめにやっている良妻賢母でも、子どもの気持ちにはまったく無頓着です。

子どもは育ててもらうため、母親の自己愛を満たせるように、評判のいい優等生になることも多いです。

この傾向が強いと、自分の非を絶対に認めない、自分に都合の悪いことはすべて人のせいにして、無意識に話をすりかえる、自分の言動をろくに覚えていない、などの特徴が目立ちます。

自分は正しいと思い込んでいるため、子どもは「何もかも自分が悪いんだ」と思わされ、追いつめられやすくなります。

親が自分に都合よく、嘘をついていると感じて、子どもが問題に気づくこともありますが、親に気に入られるために、母親と一体化するという選択をして、同じような自己愛タイプに育つこともあります。

いかがでしょうか？

前の3タイプは、子どもに負担感がありますので、親の問題に気づきやすいですが、後の3タイプは、よほど極端でないかぎり、わかりやすい形で、子どもにひどいことをするわけではありませんので、親子ともに問題に気づきにくいのが特徴です。

いずれのタイプであっても、子どもは気持ちをくんでもらったり、共感してもらうことがないため、日常的に傷ついていますが、育ててもらうために我慢します。そして、早々に本心を抑圧し、感情を感じないようにマヒさせて、親に適応します。

すると成人後、社会に出てからさまざまな困難に直面したり、家庭を持ってから、子育てで問題が生じたり、夫婦仲で悩んだりします。

親に適応したやり方が、社会に出るとむしろ不適応であったり、子どものときに我慢した度合いが大きいほど、自分の子どもにイライラして、子育てがつらいものになるからです。

また、「ねばならない」という強迫観念だけで頑張り続けて、後年、力尽きてウツになったり、自分が何をやりたいのかわからない、という感覚に苦しむなど、生きづらさを感じるようにもなります。

子どもにそうした後遺症が残ることが、「毒親」たるゆえんなのですね。

毒父のタイプ

5つのタイプの毒父

さて、一方の父親は、仕事で不在であることが多く、わたしがうかがうお話も、母親に関することが多いですし、メディアの「毒親特集」などでも、たいてい母親がフィーチャーされています。

それでも、現実には「毒父」も存在します。ただ、父親に関しては、とくに女性は問題に気づきにくいことが多いと実感しています。

「過干渉で、すぐ怒る母親が嫌だった」という方ほど、父親のことは好きでいたいので、実態よりも美化しがちだからです。また異性の親は、子どもにとっては最初の恋人ですから、理想化しやすいという面もあります。

そのため、娘にとっては、父親の「毒」は、いわゆるＤＶなど、わかりやすい形で表面化していなければ、母親よりも気づきにくいことが多いのです。

逆に男性にとっては、父親の「毒」のほうがわかりやすく、異性の親である母親は美化していますので、母親の「毒」に気づくことのほうが困難であると言えます。以下に、毒父の5タイプについて、ご紹介します。

ことなかれタイプ――何事も見て見ぬふり

「ジャイアン・タイプ」である母親の配偶者は、圧倒的にこのタイプが多くなります。そうでなければ、とても一緒に暮らせないからでしょう。

母親にくらべれば穏やかなので、「やさしい父親」だと思われていますが、母親の攻撃から、本気で子どもを守ってくれることはありません。

目の前で、子どもが母親から理不尽に攻撃されていても、黙って他のことをしていたり、スッとその場を去ってしまったりします。

見て見ぬふりをして、何事もスルーできるのが特徴で、さらに、いざというとき、子どもより妻の肩を持つことが多いのも、このタイプです。

「ジャイアン・タイプ」の母親は、子どもだけでなく、夫にも罵詈雑言《ばりぞうごん》を吐くことが多いので、毎日のように、妻から罵倒《ばとう》され、馬鹿にされている父親もいます。子どもからすると「お父さん、よく我慢してるなあ」と不可解なのですが、大人になってから「お父さんも、お母さんにひどいことを言われてたよね」などと言うと、「いやあ、お母さんも大変だったんだよ」と母親の肩を持つので心底驚いた、というお話が少なくありません。

ですので、「ジャイアン・タイプ」とはよい組み合わせなのですが、子どもにとっては、助けてほしいときにスルーされるので「男はアテにできない」といった思い込みができて、成人後、どこまでも受け身で主体性のない男性とばかり付き合ったりします。

逆に、自分を守ってくれず、母親にやられっぱなしの父親が嫌だと感じていて「わたしはもっと強い男性と結婚しよう」と（無意識に）決めていると、たしかにその通りにはなりますが、それはそれで、今度は自己主張が強くて、頑固で支配的な夫に悩まされていたりします。

同調タイプ――妻と一体化

子どもの言い分をいっさい聞かず、すべて母親に同調して、一緒になって子どもを責め立てるタイプです。母親が怖い場合、父親が頼りなのに、その父親にも味方になってもらえず、子どもはとことん傷つきます。

子どもからの信頼はなくなりますので、疎遠にされやすいでしょう。

子どもには「自分の言い分は聞いてもらえない」「理不尽に責め立てられる」という思い込みができて、大人になってからも、そのような経験を繰り返すことになります。

そんな父親が嫌で、自分は「子どもの味方をする男性と結婚しよう」と（無意識に）決めていると、これもその通りになりますが、今度はどんなことがあっても、夫は子どもの肩を持ち、自分だけが責められる、という現実に悩んでいたりします。

威圧タイプ――根性論で追いつめる

何でも「頑張って1番になれ」などと子どもに強要し、子どもの態度や結果が気に入らないと、怒鳴ったり殴ったりして子どもを威圧し、恐怖で支配します。「努力、根性、我慢」を美徳とし、子どもが頑張っていないと『巨人の星』の星一徹ばりに「ちゃぶ台返し」をしかねない、「昭和の頑固なスパルタ親父」です。今も少数ながら、現存しています。

そこまでスパルタではないけれど、やはり「努力、根性、我慢」をよしとする「昭和の価値観」を信奉《しんぽう》していて、とにかく子どもを頑張らせようと、あれこれ干渉する、教育熱心な父親もいます。

子どもは父親が怖いので、できるうちは必死で頑張りますが、そのうちにエネルギーが尽きて、折れてしまうことも多いです。不登校やウツになったりして、動けなくなった子どもを、このタイプの父親がさらに追いつめると、子どもが精神を病むこともあります。

また、幼いうちは親に従っていても、思春期になって体が大きくなると、父親に反抗するようになり、激しい親子バトルになることもあります。

豊かな社会に生まれ育って、頑張ることに意味を見出せない、平成生まれの子どもには、威圧タイプの対応は、リスクが高いと言えます。

このタイプの父親は、娘よりも息子に「毒」となりますので、わたしのお客様が、このタイプの父親の「毒」を訴えることは、あまりありません。このタイプの父親は、娘が自分の期待通りでない場合は、早々にあきらめてしまうからです。

一方、息子が自分の期待通りでないと「我慢ならない！」とばかり、いっそう追いつめてしまう傾向があります。それが功を奏さず、息子さんに問題が生じて、父親が自分の問題に気づき始める、ということもあります。

息子さんの不登校に悩んだ末、ご相談にいらして、最後に「自分の価値観を、根本から見直そうと思います」と言って、お帰りになられた方もいました。

ですが、どこまでも「息子の根性がなってない！」と、父親が思い込んでいる場合は、問題が悪化していきます。

逃避タイプ――家族に背をむける

仕事やパチンコ、ギャンブル、お酒に逃げて、家族に背を向けているタイプ。戦後の日本の父親には多いタイプでした。

当時、男性は企業戦士として狩り出され、「24時間、戦えますか」とばかり、必死で頑張って、日本の復興と高度成長に貢献してきました。ですので、これは言わば、社会の要請であったとも言えます。

家のことや子育てについては必然的に妻まかせとなり、つねに仕事優先なため、いざ問題が起きても、夫として、父親として、家族を支えることができません。

子どもにとっては、影が薄い父親となり、存在感があまりないことが多いです。お客様の中には、「父親については、ほとんど思い出がありません」とおっしゃる方もいます。

この場合、子どもは「父親は自分に関心がないんだ」と感じますので、娘であれば、成人後も男性に親身になってもらえない、興味を持ってもらえない、という現実になりがちです。

息子の場合も、同性である親に興味を持ってもらえないと、傷ついて社会に背を向けてしまいます。家庭においては、父親が社会の象徴だからです。

このタイプが、次のモラハラ・タイプと混合している場合は、たまに家にいるときに、子どもの成績などが自分の思い通りでないと、怒り狂って、妻や子どもに当たり散らすなど、恐怖の存在になることもあります。

モラハラ・タイプ――家族を恐怖で支配する

「かわいそうな母タイプ」とセットになっていることがよくあります。

自分の意に沿わないと、妻を罵倒し「おまえが悪い」と責め立て、怒鳴る、殴るなどして、恐怖で家族を支配します。

子どもは、母親を守るため、必死で父親の機嫌をとろうとすることもありますが、家族じゅうが父親を恐れて、びくびくして暮らしますので、緊張が強く、心身が消耗しやすいです。

母親がウツになってしまうこともありますが、「かわいそうな母タイプ」の場合は、無意識に子どもを盾《たて》にして自分を守るため、子どもの負担が大きくなります。「かわいそうな母タイプ」でも書きましたが、子どもは「父親が悪者」だと思い込み、母親を助けるために尽力します。

ですが、後年、実は母親が父親を怒らせていた、自分は母親に利用されていた、などと気づくこともあります。

家族を恐怖で支配する父親が嫌で、「自分はもっとやさしい男性と結婚しよう」と（無意識に）決めていると、その通りになりますが、今度は自分の夫に、「男なのに、不甲斐ない」などといった不満を感じていたりします。

いかがでしょうか？　毒父にも、いかにも「毒」だというタイプだけでなく、やさしい父親、教育熱心な、いい父親に見えるタイプもいることが、おわかりいただけたでしょうか。まれに、「パフォーマンス・タイプ」の父親バージョンとも言える事例はありますが、わたしの経験では、ごく例外的です。

ところで、幼い子どもにとっては、大人の男性が怒鳴るだけで、ものすごく怖いものです。父親が怖かった人は「男は怖い」という無意識の思い込みができていて、たとえば、夫が家にいるだけで、無意識に「怖い人がそばにいる」と感じて、それがストレスとなり、イライラしてしまいます。

普通、人は怖さは感じないようにして、なんとなく嫌だとか、嫌悪感として感じるため「怖い」とは気づかず、ただイライラするのです。

こうしたこともまた、「毒親後遺症」のひとつと言えるでしょう。

以上、母親と父親について、毒親のタイプをご紹介してきましたが、付け加えておくと、彼らにも、悪気《わるぎ》があるわけではありません。たいていは、幼少期に厳しい環境で育ったり、かなり怖い思いをしてきて、彼ら自身が、我慢と忍耐を強いられてきたのです（そういう自覚がない方もいますが）。

この本では、人がなぜ毒親になるのかについての詳細は省きますが、毒は世代連鎖することが多く、毒親たちもまた、毒親育ちであることが多い、ということだけ、お伝えしておきます。

毒親夫婦の謎

夫婦喧嘩が多いわけ

わたしの経験では、父親か母親のどちらかだけが「毒」で、もう一方は、毒がまったくない、ということは、ほとんどありません。

あらわれ方はちがっていても、内面に抱えている不安の大きさは、ほぼ同等で、両親ともに毒があるのが普通です。つまり、どちらかが毒親であれば、両親が「毒親夫婦」であることが多い、ということです。

この毒親夫婦の場合、仲がいいことはあまりなく、夫婦喧嘩が絶えなかったり、子どもにお互いのグチを垂れ流していることが多いです。夫婦それぞれが、子どもを自分の味方につけようとするからです。

夫婦喧嘩は、口論や怒鳴り合いから、怒りが高じてモノが飛んだり、手足が出る、さらには包丁が出てくるようなケースもあり、子どもにとっては、非常な恐怖で、かならず深刻なトラウマになります。

思い余った母親が家出してしまうとか、あるいは家出しようとするだけでも、幼い子どもはものすごい恐怖を感じます。

たとえすぐに帰ってきたとしても、母親が家を出た瞬間の恐怖感は残りますので、大きなトラウマになります。

親の夫婦喧嘩は、子どもにとっては、家族が崩壊してしまうのではと感じさせる、恐ろしい出来事です。また、親が喧嘩に夢中になっているあいだ、子どもは放置されていますので、子どもはひとりで恐怖を抱え込みます。

そうした恐怖がトラウマとなって、後年、パニック発作として症状化することもあるほどです。

このように、夫婦喧嘩とは、本人たちは気づいていませんが、子どもに強烈なダメージを与えるのですね。

専門家の中には、夫婦喧嘩を子どもに見せるだけで虐待にあたる、と言っている方もいます。そのくらい、子どもにとっては害になるのですが、毒親たちは、子どもの気持ちを思いやることができないので、性懲《しょうこ》りもなく、日常的にバトルを繰り返します。

なぜ、そんなことになるのかというと、当の親たちにとっては、激しい喧嘩も、彼ら流の「親密なコミュニケーション」だからです。

お互いに感情をゆさぶって、不愉快にはなるものの、他人とはできない「感情をともなう深い交流」をしており、少なくとも一方は、充実感を感じています。

つまり、無意識レベルでは「やりたくてやっている」ところがあり、多くのケースで、（本当は寂しくて、かまってほしい）妻のほうが「仕掛けて」夫を怒らせています。

「夫婦喧嘩は犬も食わない」と言います。大人なら「また、やってるわ」とあきれて済ませられますが、残念ながら、子どもは知らずに「食って」しまい、毒にあたってしまうのです。

心ある親であれば、子どもの気持ちを思いやって「子どもの前ではやめましょう」という自制心が働きます。ですので、子どもの前で飽きずに夫婦でバトルをしているというだけでも、毒親夫婦ということになります。

子どもの側も、途中からはもう慣れっこになりますが、幼児の頃は、ものすごく怖かったはずで、それが後々、影響を及ぼすのですね。

毒親のおしゃべりは「独り言」

ところで、毒親の特徴のひとつに「不平不満が多く、人の悪口や、グチばかり言っている」ということがあります。

不安が強いせいで、つねにアンテナを高く立てて、ものごとの不足やアラばかり見つける習性が身についているからです。

両親が喧嘩ばかりしていて、母親から父親のグチをさんざん聞かされていれば、子どもは「この人たちは、いったいなぜ、結婚しているのだろう？」と疑問に感じます。

わたしのお客様には、親に「離婚すればいいじゃない」と言ったことがあるという方が、少なくありません。

それに対して、「経済力がないから」とか「あなた（子ども）がいるから」などと言い訳をし続け、結局は添い遂げることが多いのも、彼らの特徴です（なかには、離婚に至るケースもありますが）。

年をとってから夫婦そろって旅行に行ったりしているのを見て、「あの長年の不仲は、なんだったの？」と首をかしげるお客様も多いのです。

そのわけが、先述の通りで、喧嘩や罵り合いが、実は夫婦のコミュニケーションだった、ということなのです。

もうひとつ、毒親さんの特徴をあげておくと、過去の自分の言動を、ろくに覚えていない、ということがあります。

成人した娘が「子どものとき、ああ言われてすごく傷ついた」などと訴えても、

「そんなことは言ってない！」

「そんなこと、あったかしら？」

という反応が返ってくるのが普通です。

彼らはつねに意識がどこかへ飛んでいて、「今ここ」にいません。また、後述の通り、感情がマヒしていますので、自分がどう感じたか、相手がどう感じただろうかということが、すっぽり抜けています。

そのせいで記憶を引き出すことがしにくいようで、なんでもすぐに忘れてしまいます。

自分に都合が悪くなると、話をすり替えてしまうのも、別に嘘をついているわけではなく、記憶に感情がともなわないので、思考でいくらでもストーリーを書き換えられるからなのです。

毒親さんの多くが、子どもを相手にグチや不満を際限なく話し続けるのも、意識が過去に飛んでいて、今、目の前で「相手が聞いている」という意識がないからです。聞かされている側がどんな気持ちになるかは、考えたことがありません。

「毒親さんのおしゃべりは、独り言なんですよ」

よく、そうお伝えしていますが、相手が聞いているという意識がないのですから、対話ではありません。

脳内不安妄想の垂れ流しであり、独り言なのですね。

ついでに言えば、毒親さんはよく、子どもにひどいことを言いますが、本人は反射的に言葉を発しているだけで、何を言っているのかわかっていません。

「親の言葉を、文字通り、受け取らないでくださいね」

といつもお伝えしていますが、言っている本人も、何を言ったかわかっていないし、覚えてもいませんので、意味をとらずに、スルーすることをお勧めしています。

ここまで読んで、毒親とは、どういう親たちか、イメージが持てましたでしょうか？

まとめると、つねに不安でいっぱいで、気持ちの余裕がなく、衝動的に行動しては子どもを傷つけたり、むやみと我慢させる上、夫婦の不仲も平気で見せつけて、日々、子どもを消耗させてしまう親――そんなところでしょうか。

身内に対するこうした無神経な言動は、家にいるとき、彼らの意識がどこかへ飛んでいて、つねに「心ここにあらず」だからだとも言えます。

一方、家の外での彼らは愛想がよく親切で、他人には、おおむねいい人だと思われています（例外もありますが）。

他人に嫌われることを非常に恐れているため、外面がとてもいいのです。

そんな毒親たちが、なぜ今、日本にたくさんいるのか、次の章でご説明していきます。

Part 2

日本の子育てが、おかしくなっている

生きづらい大人が多いわけ

幸せになれない元「いい子」たち

今、日本は世界でもトップレベルの豊かで安全な国です。

それなのに、自殺者が多く、ウツが蔓延《まんえん》し、子どもの自己肯定感は、諸外国と比べてかなり低い——つまり、幸せでない人がこんなにも多いのは、いったいなぜでしょう?

それは、日本の子育てや教育が、おかしなことになっているからだと考えています。

わたしはこれまで、数千人のお客様の生い立ちを、詳細にうかがってきました。

だから、「幸せでない大人に育つ子育て」について、よく知っています。

つまり、わたしのお客様が経験してきたことと、真逆の子育てをすれば、幸せな大人になれるのでは――そう考えるようになったのですね。

幸せでない大人たちの多くは、元「いい子」。子どものとき、たくさん我慢をしてきました。戦後の日本人は、我慢を美徳としてきましたから、誰もそれをおかしいと思わなかったのです。

ところが、子どものときに我慢した感情は、トラウマとなって体内に残っており、成人後にマイナスの影響を及ぼすことがわかってきました。

だからこそ、日本には大人になってから「生きづらさ」を感じるようになる人がとても多いのです。

新しい時代を迎えた今、戦後の日本人が当たり前だと思ってきた、子育てに関する「思い込み＝常識」を、根底から変えていくべき時期ではないかと感じています。

「親のための子育て」になっている

わたしのカウンセリングにいらっしゃるお客様に共通している最大の要素は、

「幼い頃、怖い思いをさせられてきた」ということ。

1〜3歳くらいの幼児のときから、しつけと称して、親に叱られ、怒鳴られたり、叩かれたり、押し入れに閉じ込められたり、家の外に締め出されたりしたという方が、たくさんいます。

おとなしいから大丈夫とばかり、幼い子どもをひとりで留守番させたり、前の章で書いたように、子どもの前で夫婦喧嘩を平気でしたり、あげくに、母親が家出しようとしたり。また、母親がいつもイライラして不機嫌で、子どもの前で怖い顔をしていたり、あるいは、心身の具合が悪くて、しょっちゅう寝込んでいたりということもあります。

これらはみな、子どもにとってはとても「恐ろしい」ことなのです。

核家族が増え、いつも子どもの味方でいてくれるような大人が同居しているケースが激減したため、子どもには逃げ場がなく、ひとりで我慢するしかありません。するると、その恐怖のエネルギーが体内に滞留《たいりゅう》し、トラウマとなります。そして、大人になってから、対人不安や社会不適応の原因となります。

なぜ、このようなことになりがちなのかと言えば、多くの親が「ねばならない」という強迫観念にとらわれているからです。そのため、子どもの気持ちより、人の評価や、世間体をよくすることを優先してしまうからです。

だからこそ、多くの親が「自分が満足でき、安心できるように」子どもを脅して、親の思い通りに従わせようとするのです。

多くの子どもは、親に気に入ってもらえるよう、必死で努力します。そして「いい子」になりますが、「いい子」とは、「大人にとって都合のいい子」であって、親は安心できますが、子どもは、「親に気に入られなければ、見捨てられる！」という不安と恐怖を抱えています。

そんな子ども時代を過ごすと、後年になって不安の強い、アダルトチルドレンになるのですね。

子どもは感受性が強く、意識レベルが高い

現代の日本人は、子どもとは「未熟な生き物」で、大人が何でも教えてやる必要

があると思い込んでいます。

ですが、わたしの経験では、大人よりも幼い子どものほうが、共感能力や意識レベルが高く、ものごとをよく理解しています。

幼い子が、鋭いこと、賢いことを言うので驚いたことがある方は、少なくないと思います。

実際、子どもは親の本心などすべてお見通しのようですし、心やさしいので、家族の不仲に心を痛め、仲をとりもとうと尽力します。

そんな賢くて、感受性が強く、心やさしい存在である子どもたちを、大人がいかに無神経に、ぞんざいに扱っているかを、わたしはつくづく痛感するようになりました。

本来、3歳までの子どもに親が最優先ですべきことは、「子どもを安心させること」なのです。

そして、子どもを自分よりレベルの高い存在として、うやうやしく接し、子どもの気持ちを尊重しながら、やさしく助けてあげるべきなのです。

そのように言うと、「子どもを甘やかすことになるのでは？」という懸念を持つ方がいますが、そんなことはありません。

親に安心させてもらい、尊重され、大事にされた子どもは、自分という存在に安心感、肯定感を持ちます。さらに、世の中はいいところだ、楽しいところだ、というポジティブな世界観を持ちます。

そして、4歳以降は、自分がされてきたように、親や他人を尊重し、みずから喜んで助けるようになるのです。

脅され、従わされてきたからそうするのではなく、自分がやってもらって嬉しかったから人にもやってあげようという、喜びが動機でそうした行動をとるようになるので、自分も周囲も幸せになるのですね。

子ども時代にどう扱われるかが、人生を左右する

なぜ、親が子どもにどう接するかが、それほど大事なのか、ここで簡単にご説明しておきます。

人はみな、生まれ出た環境に適応できるように、きわめて未熟な状態で生まれます。そして、生まれた後で、周囲を観察し、どういうときに、どう感じて、どう考えて、どう行動すればいいかを、日々学びながら、脳の神経回路を作っていきます。

3歳くらいまでに、ものすごい勢いで神経回路が作られますし、その後もずっと脳は発達し続け、前頭前野がほぼ完成するのは、20代だと言われています。

この神経回路が作られているとき、先に述べた通り、子どもはさまざまな事柄を一般化・概念化します。

たとえば、お父さんがすぐ怒鳴って怖ければ、「大人の男は怒鳴る（＝怖い）」という概念が作られる、という具合です。

そのように、あらゆることを概念化するのは、事態を予測可能にするためだと言われています。

ヒトという動物は、逃げ足も速くありませんし、牙《きば》や鉤爪《かぎづめ》、甲羅《こうら》といった攻撃や防御のための武器もありません。だから、26万年続いたといわれる狩猟採集時代に、ヒトが生き延びるためには、いち早く予測して、先手を打って行動する必要があったのでしょう。

また、ヒトはひとりでは生きられませんので、互いに助け合うために、集団に適応するようにできています。

だから子どもは、家族に適応し、必要なら親の顔色をうかがう、という習性を身につけるわけです。

近代化以前の日本は、子どもを幸せな大人に育てていた

戦後の日本人は、戦争後遺症ともいうべき強迫観念（頑張らなければいけない、我慢しなければいけない、楽をしてはいけない、急がなければいけない、競争に勝たなければいけない、強くなければいけない……）にかられて、必死で生きてきました。

それゆえ、子どもにも、生き延びさせるために、同じ強迫観念を押し付け、脅して育ててきました。

その結果、不安の強い、生きづらい大人が増えたのです。

親の本来の役目は、「子どもを尊重し、安心させること」。そのことを、近代化以前の日本人は、よく知っていました。

江戸時代末期から明治時代初期に来日した西洋人の目から見た、当時の日本を描いた名著『逝きし世の面影』（渡辺京二著）には、このようなことが書かれています。

「私は日本が子供の天国であることをくりかえさざるを得ない。世界中で日本ほど、子供が親切に取り扱われ、そして子供のために深い注意が払われる国はない。ニコニコしている所から判断すると、子供達は朝から晩まで幸福であるらしい」

「赤ん坊が泣き叫ぶのを聞くことはめったになく、私はいままでのところ、母親が赤ん坊に対して疳癪を起しているのを一度も見ていない」

「刑罰もなく、咎められることもなく、叱られることもなく、うるさくぐずぐず言われることもない。（中略）（子どもの方が親に対して従順で、叱られるようなことをせず、従って泣く必要もなかった)」

「日本人は確かに児童問題を解決している。日本の子供ほど行儀がよくて親切な子供はいない」(以上、エドワード・モース)

「私は日本の子どもたちがとても好きだ。私はこれまで赤ん坊が泣くのを聞いたことがない。子どもが厄介をかけたり、言うことをきかなかったりするのを見たことがない」(イザベラ・バード)

親が子どもを尊重して、大切に扱い、ストレスを与えなければ、子どもも親の言うことを聞くし、みずから必要なことを身につける——当時は、こうした親子ともども、ストレスフリーの理想的な子育てが、実現していたのですね。

大人たちもまた、天真爛漫《てんしんらんまん》で好奇心旺盛、笑い上戸《じょうご》だったようです。

「日本人ほど愉快になり易い人種は殆どあるまい。良いにせよ悪いにせよ、どんな冗談でも笑いこける。そして子供のように、笑い始めたとなると、理由もなく笑い続けるのである」（スイスの通商調査団長リンダウ）

「この民族は笑い上戸で、心の底まで陽気である」（ボーヴォワル）

今の日本人のイメージとは真逆とも思えますが、ストレスフリーの子育てあってこそ、このような陽気な気質が育まれていたのでしょう。

また、こんなことも書かれています。

「（日本の子供は）怒鳴られたり、罰を受けたり、くどくど小言を聞かされたりせずとも、好ましい態度を身につけてゆく」

「日本の子供はけっしておびえから嘘を言ったり、誤ちを隠したりはしません。青天白日のごとく、嬉しいことも悲しいことも隠さず父や母に話し、一緒に喜んだり癒してもらったりするのです」

「（家庭では、子どもがすべてを牛耳っているが）それでもけっして、彼らが甘やかされてだめになることはありません。分別がつくと見なされる歳になると――いずこも六歳から十歳のあいだですが――彼はみずから進んで主君としての位を退き、ただ一日のうちに大人になってしまうのです」（メアリ・フレイザー）

この最後の1文に、ご注目ください。

当時の日本人は、心おきなく子ども時代を堪能《たんのう》した後、子どもを卒業し、「一日のうちに大人になっ」たのです。

また、親が子どもと一緒に心から喜んだり、悲しみやつらさに共感して癒してあげていたからこそ、子どもは親を敬愛し、親に迷惑をかけるようなことをしなかったのです。

現代の日本人は子どものときに脅され、我慢させられるので、「心おきなく子ども時代を堪能し、子どもを卒業する」ということができません。

「子ども」をひきずったまま、大人になってしまう、その状態が、アダルトチルドレンなのですね。

子ども時代に我慢させられた「子どもの欲求」を抱えたまま大人になるので、何歳になっても、折に触れて、子どもの欲求が顔を出します。

先に述べた、子どもを「いい子」にさせて自分が安心したい親は、子ども時代に親に安心させてもらえなかったアダルトチルドレンです。「わたしを安心させて！」という子どもの欲求を、大人になってから、自分の子どもにぶつけているわけです。

このような親子の逆転現象が、「機能不全家族」の特徴です。機能不全家族とアダルトチルドレンについては、また追ってご説明します。

愛着障害が蔓延している日本

さて、親が子どもを叱ったり、脅したりして育てると、当然、子どもは親が怖いと感じます。

赤ちゃんのときは、かわいがってもらえたのに、自分から動くようになると、急に、親が怒ったり叱ったりするようになり、怖くなった。これは、子どもに大きなショックを与えます。

本来、子どもにとって親は、生きるために最も必要で、大切な存在ですから、一緒にいて安心でき、信用し、敬愛したい相手です。

そんな頼みの綱である親が、いつ、自分を恐怖におとしいれるかわからない、そんな恐ろしい存在だと、子どもは、親といても、安心できません。いつ怒りだすか心配だし、不用意に近づくと危険なので、いつもびくびくして疑心暗鬼《ぎしんあんき》になります。

そしてそれが、成人後、親しい人との人間関係の原型となってしまいます。

本当は大好きで一緒にいたいはずの相手を、無意識に恐れ、すぐ疑心暗鬼になり、遠ざけるような言動をしてしまう。

不安と恐れのせいで緊張し、「戦うか、逃げるか」反応が起こって「戦う」を選び、何かにつけ相手を責め立てて、喧嘩ばかりしてしまう。

そんな状態で悩んでいる方が多いのですが、これが、いわゆる愛着障害と呼ばれる症状なのですね。

とくに、親しくなってくると、なぜか自分がおかしくなってしまう、という場合は、「不安型」の愛着障害と言われます。


一方、「親が怖かった」という意識がない方でも、愛着の問題を抱えている方は少なくありません。

親が望まない妊娠・出産だった、とか、親自身が親にかわいがってもらったことがなく、子どもをかわいがれなかったなど、さまざまな理由で、赤ちゃんのときから、親に対する安心感がなく、不安と恐怖で緊張していて、親に甘えられなかった、また幼児期もダダをこねたりせず、手のかからない「いい子」だった、そんなケースです。

乳幼児は、感受性が強く、親の心持ちが手に取るようにわかっています。なので、親のほうに、子どもと向き合えないとか、かわいがることに抵抗がある、といった問題があると、すぐにそれが伝わって、不安と緊張を感じます。

親に安心感が持てないと、育ててもらうために親の望み通りに行動して、迷惑をかけないようにします。なので、あまり怒られることもありません。

本当は、不安と緊張でびくびくしているのですが、ハタ目には、おとなしい「いい子」に見えるので、親は安心してしまい、そのまま放置しがちです。

すると子どもは、緊張と孤独を感じながら、心理的に孤立したまま、成長することになります。

この場合は成人後、一見、普通に人付き合いをしているようでも、実は「誰にも頼らない」「誰にも心を開かない」状態で孤立しています。

人といても安らげず、疲れてしまうので、一人でいるほうが落ち着く、と感じています。

親に対しても、とくに問題を感じていないことも多いですが、大好きだとか、そういう愛着心もないでしょう。

こちらのケースは、「回避型」の愛着障害と言われます。

いずれも、親が子どもを安心させてあげられなかったために生じる症状です。「障害」という言葉がついているので、異常なことのように感じるかもしれませんが、今の日本人の大半が、大なり小なり、愛着の問題を抱えていると感じています。

ハタ目には、普通に家庭生活を営んだり、社会生活をしていたり、社交的に振舞っているように見えても、実は「人といるのが苦痛」だという人が、とても多いからです。

ソーシャルスキルを駆使《くし》して愛想よく振る舞って、普通の人、いい人に見せているだけで、実はいつも不安で緊張している、ということです。

子どもを安心させてやれない親は、自分自身もそうだったはずで、世代連鎖しています。

数世代さかのぼれば、戦争で親を失ったり、家の事情で養子に出されたなど、安心とは程遠い、厳しい子ども時代を送った日本人がごまんといます。その子孫に、脈々と、愛着の問題が受け継がれているのですね。

この問題をなんとかしたい方は、「人はみな、自分の味方で、安心していいんだ」「この人に心を開いて、信じても大丈夫」「もう、怖いことは起こらないんだ」ということを、日々意識して、身体の緊張をゆるめていく努力をする必要があると感じています。

機能不全家族がアダルトチルドレンを生む

以上述べてきた通り、子ども時代に、安心して、子どもらしく、無邪気に、天真爛漫に振る舞うことができ、それを周囲の大人に尊重してもらい、大切にしてもらって育つと、子どもは「子どもをやりきって」、満足して卒業し、分別をわきまえた「大人」になります。

やさしくしてもらい、安心させてもらい、尊重してもらい、わかってもらい、喜ばせてもらう、という「やってもらう」体験を、子ども時代に十分できて満足すると、今度は大人になってから、同じことを、他人や子どもに「やってあげる」ことができるのです。

また、人は基本的に、自分が子どものときに体験してきたことを、自分の子どもにも体験させます。さらに、子どものときにできた概念や世界観通りの人生を送ります。

だから、子どものときにたくさん「してもらって、喜びを感じる」と、自分の子どもにも、同じことができるし、大人同士も互いに思いやって、喜ばせ合うことが自然にできるのです。

ところが、今の日本人の大半は、子ども時代に「我慢させられ」ます。だから、自分の子どもにも「我慢させる」のです。

そして、先にも述べた通り、子ども時代に「子どもをやりきる」ことができないと、内面に「欲求不満をかかえた子ども」を持ったまま、身体だけ大人になります。

それが、アダルトチルドレンで、何歳になっても、おとなげない言動が多く見られます。

「見て見て！　聞いて聞いて！」という子どもの欲求が残っているため、親が子どもを聞き役にして、自分のことばかりしゃべっていたり、いつまでも自分を魅力的に見せようとアピールしたりします。

今の日本人が総じて若く見え、年をとってもきれいなのは、アダルトチルドレンだからではないかと、わたしは感じています。

「子どもの欲求」を抱えた親は、大人の親として子どもを安心させ、喜ばせることができません。

それどころか、子どもに「わたしを安心させて、喜ばせてちょうだい！」と要求します。そして、子どもが自分の意に沿わないと、怒ったり叱りつけたりします。

これはしつけではなく、大人になってから自分の子どもに「ダダコネ」をしているようなもの。自身が子どものとき、ダダコネができなかったからです。

そのように親にダダコネをされると、子どもは恐怖と緊張から、親を安心させ、喜ばせるために必死になります。

親を安心させ、喜ばせる子は「いい子」とされていますが、その子自身は、我慢ばかりしており、幸せではないのです。

このように、本来は「親が子どもを安心させ、喜ばせる行為」だったはずの子育てが、今は、「子どもが親を安心させ、喜ばせる行為」になっています。

しかも、前者の動機は「喜び」ですが、後者の動機は「恐れ」です。

喜びが動機ですることは、やればやるほど元気になりますが、恐れが動機ですることは、やればやるほど元気がなくなり、消耗します。

この親子関係の逆転と、生きるエネルギーの消耗が、機能不全家族の特徴です。

親が親として機能しておらず、子どものエネルギーが低下していきますので、中長期的には、家系が絶えていく傾向も見られます。

アダルトチルドレンが親になると、機能不全家族を作りますし、機能不全家族で育った子どももまた、アダルトチルドレンになります。

どうしても、世代連鎖するのですね。

毒親も、もちろんアダルトチルドレンですが、なかには、「アダルトベビー」と呼びたくなるほどダダコネが激しい人たちもいますし、アダルトな部分がまったくないのでは？　と思いたくなるほど幼児性が強い、おとなげない人たちも多いのです。

それだけ、子ども時代に我慢させられたことが多かった、我慢した感情が強烈だった、とも言うことができます。

毒親の子どもも親も、みなアダルトチルドレンということになりますが、この連鎖を断ち切るにはどうすればいいか、という問題の前に、なぜ日本がこれほど機能不全家族とアダルトチルドレンだらけの国になってしまったかについて、もう少しご説明します。

感情をマヒさせた日本人

過去のつらさを、子どもが教えてくれる

わたしの経験では、子どもの問題はすべて、親がその子の年齢の頃に我慢していたこと、抑圧してきたことなど、親自身の過去の問題のあらわれです。

言い換えると、過去の自分の問題を、子どもに見て、再体験しています。

もちろん、表面的には過去の自分とはちがいます。でも、その奥にある「感情体験」として見ると、ほぼ同じなのです。たいていの場合、親はその本当の気持ちを抑圧してきましたが、子どもは素直にあらわしています。

幼児期の子どもが言うことをきかなくて、イライラして仕方がないとしたら、実は親が幼い頃、たくさん我慢をして「いい子」にしていたから。本当は自分も、子どものように自己主張したり、好き勝手に振る舞いたかったのですが、状況がそれ

を許さなかったので、できなかったのです。

思春期の子どもが、リストカットをしたり、摂食障害になったりしているなら、親自身が思春期の頃、そうした症状は出さなかったとしても、同じように、とてもつらかったということ。

子どもが受験に失敗したことが、死ぬほどつらいなら、実は親自身が受験のとき、ものすごく苦しかったということ。

そこに気づいて、自分が抑圧してきた「本当の感情」を探って、それと向き合い、身体で感じることができると、初めて子どもと共感できるようになります。

そして、子どものほうも、「気持ちをわかってもらえた」と感じて安心し、次第に回復していきます。

でも、多くの親御さんは、ご自身が過去に感じた「本当の感情」をまったく自覚しておらず、

「自分はこんなふうではなかった。ごく普通だった」

「自分はもっと、頑張っていた」

などと思い込んでいるのですね。そのため、なかなか子どもが回復しません。なぜ、そうなってしまうのでしょう？

「感じてはいけない」と教え込まれた日本人

戦中・戦後の日本では、子どもを「我慢させ、大人の都合に合わせさせる」子育てが主流でした。大人たちがみな、とにかく生き延びるだけで精一杯で、子どもを尊重したり、気持ちをくんだりする余裕がまったくなかったからです。

そんなご時勢でしたから、子どもが子どもらしく、天真爛漫に振る舞ったり、感情を素直にあらわすことをよしとせず、子どもたちは泣くと怒られ、怒っても怒られ、怖がると笑われ、喜んでも「はしゃぐんじゃない」と水を差されたのです。

学校でも同様で、静かにじっと座って教師に従い、大人の期待に応えることが、よしとされました。

そのため日本人は全般に、「気持ちをありのまま感じて、あらわしてはいけない」と思い込んでいて、感情を感じないように、抑え込む傾向があります。


感情とは、「生きるために、本能的にわき上がるエネルギー」であり、そのエネルギーが、「体内を移動する感覚」を感じることで、わたしたちは感情を感じます。

たとえば、喜びとは、達成感や充足感、満足感が、胸から全身にゆきわたり、ワクワクする躍動感という、生きるエネルギーそのものになります。

悲しみとは、大切なものを失ったとき、その喪失感を乗り超えて、前にすすむためにわき上がるエネルギーであり、「胸が痛む」と言うように、たいていは、胸からぐっと上がってきます。

恐怖は、自分の命を守るためにわき上がるエネルギーで「背筋がぞっとする」と言うように、尾てい骨あたりから背骨にそって、ぐぐっと上がってきたりします。

わたしたちの身体は、恐怖を感じると同時に、自律神経が反応して交感神経が活性化し、「戦うか、逃げるか」という態勢になります。つまり、恐怖を感じると、瞬時に全力で戦ったり全速力で逃げたりできるほどの、大きなエネルギーがわいているのです。

怒りは、大切なものを奪われそうになったとき、それを阻止するために、相手と戦うための攻撃的なエネルギーです。

「はらわたが煮えくり返る」と言いますが、ハラからぐーっと上がってきて、ちゃぶ台返しがしたくなったり、そのエネルギーが腕にまわれば、相手をぶん殴りたくなります。「頭に血がのぼる」とも言いますが、ときには、頭まで上がっていくエネルギーです。

これらの強いエネルギーである感情を「感じない」というのは、身体は感じているけれど、それを意識しない、認識しないようにシャットダウンする、ということです。

そんなことができるの？　と不思議に思うでしょうか。

たとえば、生きるか死ぬかで必死に戦っているとき、怖いとか悲しいなどと感じていたら、敵にやられてしまいます。だから、感じないようシャットダウンして、死にもの狂いで戦います。必死で戦っているときは、怪我をしても痛みをあまり感じませんが、それと同じです。

また、あまりにも悲しい経験、恐ろしい経験をすると、人は生きるために、その耐えがたい感情を感じずにすむよう、やはりシャットダウンします。その出来事の記憶自体をなくしてしまうことも、よくあります。

このように、人は生き延びるために、感情や感覚をシャットダウンすることができるのですね。

そうやってシャットダウンしていても、感情のエネルギーはすでにわいています。そのエネルギーを感じてあらわすことで発散できないと、そのまま体内に滞留して、トラウマとなるのです。

親が「感情マヒ」だと、子どもはつらい

生きるために「感じない」という選択をした結果が、「感情マヒ」という状態です。

自分が何を感じているのかわからない状態で、すべてを思考で処理します。するとと当然、相手の気持ちを感じて思いやる、ということもできませんし、喜びや幸せを感じることもできません。

ドラマや映画を見て、泣いたり笑ったりはできます。他人事ならいいのですが、自分自身の悲しみや怒り、恐怖感にはしっかりフタをしているのです。

感情マヒを引き起こす最大の社会的要因は、戦争です。感情マヒは代々引き継がれるため、昭和生まれの親御さんに、広く見受けられます。

親が感情マヒだと、子どもは気持ちを無視されて育ちます。気持ちをあらわして訴えても、親は「思考の正論」で返してくるため、否定されたと感じて傷つき、孤独を感じます。

そして、自分を守るため、生きていくために、子ども自身も感情をマヒさせるようになるのです。

感情をマヒさせていると、自分の本当の気持ちがわからないので、「やりたいことがわからない」「人に心を開けない」、そんな大人になりがちです。

子育ては、過去の自分の育て直し

繰り返しますが、子どもの問題は、過去の自分が抑圧してきたつらさや苦しさのあらわれです。それがなかなか親御さんの腑に落ちないのは、ご自身が感情をマヒさせていて、過去の感情にフタをしているからなのですね。

子どもの気持ちを感じようとすると、自分自身の過去のつらい感情のフタを開けることになるので、どうしても、無意識に避けてしまうのです。

つらい感情、とくに恐怖などは感じたくないからです。

だから、子どもは、「わかってもらえない」と苦しみ続け、症状を出し続けます。早々にあきらめて、親を見切ってしまう子どももいますが、親がわかってくれるまで執拗《しつよう》に訴えて、追いすがる子どももいます。子どもが症状を出し続けるのは、親が変わってくれることを期待しているからなのです。

子どもはみな、親がもっと人間らしい感情を感じて、喜びを感じ、幸せになってほしい！　と願っています。だからぜひ、子どものために、過去の自分と向き合い、感情マヒを解いて、自分を癒してほしいのですね。

そうして初めて、子どもに共感できるようになり、子どもは「わかってもらえた！」と安心して、回復することができるからです。

この「感情マヒ」というのも、毒親さんに共通した特徴です。

気持ちをスルーされた子どもたちは、次第にそれに適応し、「親とはこういうものだ」くらいに思って、とくに不満を抱いていない方も多くいらっしゃいます。

ところが年をとるにつれて、あるいは自分が子育てをするようになって、いろいろ気づいたり、突然フタが開いて、苦しくなることがあります。

いろいろ気づいてしまったことでトラウマが浮上し、親とかかわるのが苦痛になったりもします。

そして、そんなふうに感じる自分のほうがおかしいのではないかと葛藤し、悩んでしまうことがよくあるのですね。

次にそんな状態について、ご説明します。

親から離れたいのに、離れられない

実家に帰ると、具合が悪くなる

わたしのお客様の多くが、実家に帰るだけで具合が悪くなります。実家を訪れると、身体が無意識に過去を思い出してしまい、トラウマ反応が起こるので、心身が消耗して、ぐったりするからです。

一方で、ずっと親元で暮らしている方々もいます。就職や結婚でいったん実家を出たけれど、仕事を辞めたり離婚したりして、また実家に舞い戻って親と暮らしている人たちもいます。

そして、以前は平気だったのに、今では親の言動にいちいちイライラして、態度や口調がきつくなったり、親を罵倒してしまったり、場合によってはモノにあたる、暴力を振るうなど、親子関係が年々険悪になっている、そんな方たちが少なくないのです。

子どもの頃は、無意識に我慢して親に適応していたのが、我慢の限界を超えてくると、長年抑圧してきた感情のフタが開いて、強いエネルギーが噴出するようになるからです。

そんなに親が嫌なら実家を出ればいいのですが、それがなかなか出られない。それで悶々と悩んでいる方が、今、たくさんいらっしゃるのです。

無意識に、親が子どもを引き止めている

なぜ、なかなか実家を出られない、自立できないかというと、ひとつには、無意識のうちに、親が子どもを手元におきたがっている、ということがあります。

不安の強い心配性の親は、「他人はみな敵だ」と思い込んでいて、頼れるのは、血のつながった子どもだけだと思っています。

彼らは一見しっかりしているように見えますが、実は精神年齢が低く、「子どもの欲求」が強いアダルトチルドレンです。無意識に娘を「母親がわり」にして、依

存しています。

口では「早く結婚しろ」「自立してほしい」と言っていても、無意識に娘を「ママがわり」にしていて、本音では、ずっとそばにいてほしいのですね。

毒親さんが、無神経に思ったことを何でも言って娘をイラつかせるのは、娘をママだと思って、甘えているからなのです。

わたしは、いったん実家を出たのに、また舞い戻ることを「ブーメラン現象」と呼んでいますが、母親のこの強い依存心が、磁石のように娘を引き寄せていると感じています。

親に認めてほしい子どもたち

一方で、自立したいのにできないという人は、親が嫌でたまらないのに、無意識に「親にもっとやさしくしてほしい、ありのままの自分を認めてほしい、理想のお母さんになってほしい」と強く願っています。

その満たされない思いが、どんなに険悪な関係になろうが、「親から離れない」

という選択をさせているのです。

残念ながら、心配性の親というのは、つねにアラや不足ばかりに意識がいきますので、いつまでたっても、ありのままの子どもを「認める」ことができません。「それでいいんだよ」と言って安心させる、ということができないのです。

そんなわけで、親は娘に、「ママがわり」に一緒にいてほしいし、娘は親に、「理想の母親」を求め続けています。

つまり、双方とも「子どもの欲求」が強く、内面が「親を求める無力なチャイルド」のまま、互いに要求をぶつけ合い、膠着《こうちゃく》状態が続いているわけです。

だからこそ、バトルしながら同居を続ける、というストレスフルな状態を、なかなか変えることができないのです。

娘のほうは、「親なんだから、わかるはず」という期待と要求を親にぶつけるのは当然だと思っていますが、まさか親のほうも、同じ期待と要求を自分に向けているとは、思いもよりません。

目の前にいる親は、見かけとちがって中身が子どもですので、理想の母親役など

「できない」し、娘の気持ちも「わからない」のです。

娘を「ママがわり」にしている幼児性の強い母親に、「理想の母親」を求め続ける娘の切ない気持ちは、言ってみれば「永遠の片思い」。つれない相手に不毛に追いすがっているようなものです。

そこに気づいてもらえるといいのですが。

チャイルドから脱して、アダルトになろう

ここで言う「チャイルド」とは、「子どもの欲求」のことであり、さらにかみ砕いて言えば、「子どものときに我慢した感情」のことです。

子どものとき、我慢を強いられた人ほどチャイルドが強く、チャイルドが強い人ほどアダルトチルドレン度も高い、ということです。

チャイルドの強い親は、とくに身内に対して「子どもの欲求」が前面に出ますので、おとなげない言動が多くなります。

そして「やってもらって当たり前」だと思っていて、相手に要求するばかりで、

問題を解決する能力はありません。

だから事態を打開したければ、まず自分が「アダルト」になる必要があります。

自分が「子どもの欲求」にとらわれて、チャイルドになってしまっていることに気づいて、一歩引いて、俯瞰《ふかん》して現実を眺めて、冷静かつ客観的なアダルトとして考える、ということです。

アダルトになるには、「今ここ」に戻って「我に返る」必要があります。チャイルドになっているとき、意識は過去に飛んでいるからです。

目の前にあるものをよーく見る、聞こえる音をよーく聞く、など、五感のどれかに意識を集中させて、意識を「今ここ」に戻してください。赤いものを10個数えるなど、何かを数えるのも効果的です。

そうやって、今の年齢の自分に戻ってください。その上で、

「わたしが娘に甘えて、依存していたんだ」

「わたしが、あんなにチャイルドの強いお母さんに、理想の母親を求め続けてい

たんだ」

そう気づいて、客観的に、冷静によく考え、自分の人生を生きるために行動してください。

本当は、もういい大人なのですから、それが可能なのです。

父親と息子の問題

ここで改めて、毒父と息子の問題についても触れておきます。

先述の通り、毒親の「毒」とは不安のことですから、毒父とは、不安の強い父親ということです。ただし、そういう自覚がある方は少ないかもしれません。

毒母と同じく、「昭和の強迫観念」にとらわれており、それを原動力に、会社で出世していたり、エリートだったりすることも少なくありません。

そして社会的にうまくいっている方ほど、その成功体験と自負心から、強迫観念がますます強固になっています。

父親は大部分の時間を仕事に費やしていますので、母親ほど子どもへの影響は強くないことが多いのですが、なかには子育てに積極的にかかわっていて、「ねばならない」という信念を、日々、子どもにたたきこんでいる方もいらっしゃいます。

息子を過去の自分とくらべる

昭和の時代を企業戦士としてサバイバルしてきた父親たちは、努力と根性、忍耐で、とにかく頑張ってきた方々です。

だからこそ「今の暮らし」があるという自負があり、当然、子どもにも同じことを期待します。

自分のように、頑張って競争に勝ちぬかないと社会で生き残れない、そう思い込んでいる父親たちは、とりわけ息子にプレッシャーをかけます。

そして、息子が昔の自分のように頑張っていないと、無意識に「競争に負けることへの恐怖感が浮上するため、イライラして激しい怒りをぶつけたりもします。

子どもの側は、学校での集団ストレスに加え、家庭でもそうしたプレッシャーをかけられて緊張し、神経疲労が蓄積し続けます。その結果、どこかの時点で力尽きてしまうことがあります。

よかれと思って子育てに熱心にかかわってきた父親の強迫観念が、逆に子どもの生きるエネルギーを下げてしまうのですね。

「時代は変わった」という認識が必要

誰でも、自分の体験を基準にして、物事を判断します。

だから、自分が必死でずっと頑張ってきたのに、わが子がダラダラしていると、許しがたい気持ちになるのです。

それも自然なことなのですが、冷静になって考えてみると、自分が育った時代と、子どもが育っている現在は、状況がまったく異なります。

繰り返しますが、「急がなければいけない」「頑張らなければいけない」「優秀でなければいけない」「人に好かれなければいけない」「評価されなければいけない」などなどの思い込みを、わたしは「昭和の強迫観念」と呼んでいます。「働かざる者、食うべからず」「お金を稼ぐのは、大変なことだ」といった思い込みも、「昭和の強迫観念」に過ぎません。

これらは、昭和生まれにはリアルでしたが、平成生まれの世代には、意味がわからないし、むしろ、ダサいことなのです。

親はついつい、自分が親から教えられ、とらわれてきた強迫観念を、そのまま子どもに伝えてしまいます。

ですが、実はこれらの「昭和の強迫観念」のほうが、戦中戦後という「非常事態」をサバイバルするための信念であって、「異常」だったのです。

今、わたしたちは、変化がとても速い時代に生きています。

親の価値観が、子ども世代にはもう通用しない。そんなことは、おそらく人類史上、かつてなかったのではないでしょうか。

だからこそ、今、子育てがとても難しいのです。

次に、時代の変化を超えた、普遍的に通用する子育ての軸について、お話しておきます。

「今ここ」で、子どもの気持ちに寄り添う

いつも焦燥感にかられていませんか

わたしのカウンセリングのお客様はみな、子どもの頃、親に気持ちを思いやってもらえなかったし、共感してもらえませんでした。

何かつらいことがあっても、「こうすればいいじゃない」「あなたも悪いのよ」などと言下に決めつけられ、「それはつらいね」と、じっくり気持ちに寄り添ってもらえなかったのです。

だから「どうせ言ってもわかってもらえない」と心を閉ざし、自分ひとりで、問題を抱え込むようになりました。

親に頼れなければ、誰にも頼れませんので、他人に心を開いたり、助けを求める

こともできず、苦しさが増していきます。

親が、子どもの気持ちに寄り添うことができない理由は2つあります。そのうちのひとつは、先にご説明した「感情マヒ」ですが、ここではもうひとつ、「ねばならない」という強迫観念のせいで、焦燥感が強く、気持ちの余裕がなさすぎる、ということも、付け加えておきます。

つねに「こうでなければならない」「こうであるべき」とばかり考えていて、「あれもこれもできていない」「ここがダメだ」などと、不足ばかりに注目し、焦燥感にかられていると、気持ちの余裕など持ちようがありません。

「ねばならない」には、際限がないからです。

わたしのお客様には、親の強迫観念をがっつり刷り込まれて、毎日を「ねばならない」に追われて、不安と焦燥感でイライラしながら、イッパイイッパイで生きている方がたくさんいます。

わたしは、この強迫観念をなんとかしない限り、日本の子育てが変わらないと感じています。

思い込みを疑って、自分の価値観を見直そう

実は今の時代は、頑張らなくても、優秀でなくても、怠けていても、競争に負けても、強くなくても、人に好かれなくても、急がなくても、楽をしても、生きていけます。

なにしろ、衣食住が余っているのですから。

だから「こうでなければいけない」と自分が思い込んでいることを、ひとつひとつ検証し、「今はちがうのかもしれない」と、疑ってほしいのです。

そして、今の子どもたちは、衣食住の確保に血眼《ちまなこ》になっていた世代とはちがって、もっと「人間らしい感情」を大切にしたいと思っているし、「自分らしい生き方」をしたいと願っていることを、よくよく理解してください。

「そんなのは贅沢《ぜいたく》だ！」と感じた方は、昭和の強迫観念に染まりきっていて、時代錯誤なんですよ。

ついでながら、日本の学校教育も、かなり遅れていると感じています。

先生方の多くが、昭和の強迫観念と集団主義に染まっています。子どもを学ばせるのに、競争させたり強制したり脅したりするのは、もはや時代錯誤なのですね。

だから、学校に行かないという選択をする子どもが増えているのです。

競争や強制や、集団主義に抵抗を感じる真っ当な子どもたちが、たくさんいるからです。

子どもの主体性を重視して、競争も強制も宿題もなく、子どもがやりたいことをとことん学べて、しっかり結果も出ている、北欧の教育制度を見習うなど、日本の公教育制度を早急に変えてほしいと、陰ながら願っています。

豊かな時代にふさわしい「余裕」を持とう

非常事態に生きた人と、豊かで安全な社会に生きる人の価値観は、ちがって当然です。

あなたの子どもは、今の時代を生きています。「ねばならない」や焦燥感は脇へ追いやって、もっと余裕を持ってください。

この余裕とは何かというと、相手をよく見ているか、相手の話をよく聴いているか——つまり「今ここ」で見聞きすることに、どれだけ意識を集中できているかということです。

ぜひ、あなたの子どもや家族をよく見て、集中して耳を傾けてください。

それが、「気持ちに寄り添い」「思いやる」ことの第一歩なのですから。

日本は今、安全で豊かな社会となり、親子ともども、のんびりと「今ここ」を楽しむことができる、とてもいい時代になっています。

それなのに、不安と焦燥感にかられて子どもを傷つけ、自分もイライラしながら生きるなんて、本当にもったいないことです。

ぜひ、子どもと一緒に喜んだり、悲しんだりしてください。

子どもが怒っていたり、怖がっていたら、「頭にきちゃうね」「怖かったね」と、気持ちに寄り添って、共感してあげてください。

子どもが親にいちばん求めているのは、「わかってもらうこと」「共感してもらうこと」なのですから。

Part 3

心配性で過干渉な親が子どもに呪いをかける

毒親後遺症いろいろ

親とかかわると、心身が不調になる

さて、わたしのお客様のご相談で最も多い典型的なケースは、次のようなものです。

ずっと、親のことは「いい親」だと思っていた。でも、40代になってから、親の口出しや干渉で、自分がコントロールされてきたことに気づいた。

今は、親の電話に出たり、メールを開封するのも嫌でたまらない。電話で親の声を聞いているだけで具合が悪くなるし、着信音が鳴るだけでドキッとしたり、動悸《どうき》がしてくることもある。今後、親とどうかかわっていけばいいのでしょう？

そんなご相談です。

当然、自分を守るために親からの電話に出なくなり、疎遠になっていくのですが、親の側からすればわけがわからず、「なぜ、電話に出ないんだ！」と娘を責め立てます。そのため、よけいに親に嫌気がさすと同時に、罪悪感にも襲われて、ますます苦しくなってしまう、というケースです。

心配性の親は、無意識に子どもを支配する

子どもが、親といるのが負担になっていると気づく時期は、さまざまです。

幼いときから、親が好きではなかったという人もいますし、思春期早期に、友達の親とくらべて、「うちはおかしい」と気づく人もいれば、20代、30代で、実家から離れたことをきっかけに気づく人もいます。

自分が子育てを始めて、「親はなぜ、あんなことをしたんだろう？」と疑問に感じ始める人も多くいます。

さらに、中高年になって、自分の子どもの問題で悩んだり、心身の不調に苦しんで、何かおかしいと気づく。その原因を探っていくうちに、親子関係の問題にたどりつく方も、たくさんいます。

心配性の親は、自分の想定外のこと、リスクのあることを、子どもにさせません。子どもが失敗するのを見たくないからです。だから、想定外のことはすべて「そんなことはしなくていい」とやめさせてしまいます。

そして、つねに「こうなったら大変だ」「お金がない」「そんなことを言ったら、嫌われるよ！」などと、自分の不安や心配事をいちいち口にします。

すると子どもは、自分でやりたいと思ったことはやらせてもらえず、親がやらせたいことばかりやらされ、自分で考えて行動すると、いちいちダメ出しされるという、ストレスフルな日常を送ります。

そんなことが繰り返されると、「自分で考えて行動してはいけないんだ」「なんでも親が決めるんだ」という思い込みができます。

そうなると、本心を抑圧するクセがついてしまい、次第に、自分がどうしたいのかがわからなくなります。

さらに、親が口にする不安が呪いのように刷り込まれ、「どうせ無理」「自分のためにお金を使ってはいけない」「思ったことを言うと、人に嫌われる」などと「自分の行動を規制する思い込み」がどんどんできて、ますます自分の思ったように行動できなくなります。

本来、思春期にあるべき反抗期も、ありません。

親が自分の不安解消しか頭になく、子どもの意思、人格を尊重する余裕がないため、感情的な言い合いはあっても、最終的に親が「わかった」と、子どもの価値観を認めて受け入れる、というプロセスがないため、子どもの自立を助ける、真の意味での反抗期が成立しないからです。

よって、子どもは親の価値観に従って、進路の選択をし、就職先や結婚相手を決めることになります。それは即《すなわ》ち「親に人生を支配されている」ということです。

親はそれを「子どものため」と思い込んでいますが、本当は、自分の不安を解消するためであって、子どもがどう感じているか、どうしたいのかは考えたことがありません。

親に支配されて生きていると、若いうちはともかく、40代にもなると、生きづらさが強くなります。

本当はやりたくないことばかり、義務感でやっているのですから、当然です。それで心身を消耗してウツになったり、ネガティブな思い込みのせいで、仕事や人間関係に支障をきたしたり、子育てでつまずいて、悩むことになるのです。

「片付けられない」「家事ができない」も後遺症

このように、毒親後遺症には、対人関係や、思うように行動できないといった問題が多いのですが、もう少し具体的に書いてみます。

対人関係の問題で、お客様からよくうかがうのは、「同性に嫉妬されたり、いじめられたり、無視されたりする」「ママ友付き合いが苦手」です。

そうなりがちな方は、目上の女性や、指導的立場の女性、ママ友に、無意識に母親を重ねて見ています（目上の男性には、父親を投影しやすいです）。

母親が怖くて顔色をうかがっていた人は、やはりそうした女性たちを無意識に

「怖い」と感じて、びくびくと顔色をうかがってしまうのです。

たとえば、子どもの頃に母親から、「その服、ぜんぜん似合わないわね！」「脚が太くて、みっともない」などと傷つくことを言われたり、母親の機嫌をそこねると何日も無視された、などの経験があると、職場の先輩女性やお局から、嫌がらせをされたり、無視されたりするという経験を繰り返します。

人は、子どものときに体験したことを、成人後も形を変えて、繰り返し、経験していきます。子どものときにできた概念（思い込み）が、そのまま主観的現実になるからです。

子どもの学校の保護者会ともなると、母親を投影しやすい「ママ」がたくさんいますので、怖くてたまらなくなり、「頭が真っ白になってしまって、自己紹介もろくにできず、地獄の思いです」などとおっしゃる方が、たくさんいるのです。

多くの方が「自分が悪い」と思って落ち込んでいますが、本当の原因は「母親トラウマ」であって、子どもの頃、我慢した恐怖心や悲しみなどの「感情体験」を、形を変えて繰り返しているのです。

「仕事が続かない」というお悩みも多いのですが、これも職場の上司に、父親や母親を無意識に投影して、居心地が悪いと感じたり、いじめられたり、無視されたりと嫌な思いをすることが多いため、いたたまれなくなって辞めてしまうからなのですね。

「おまえは何をやってもダメだ」「おまえが悪い！」などと親から言われて育つと、自分でもそう思い込んでしまうため、仕事でミスが多くなったり、自分の責任ではないことまで、「わたしが悪いんだ」と思いつめて、つらくなって辞めてしまったりもします。

「片付けられない」「家事ができない」というお話も、よく聞きますが、これも毒親後遺症です。

わたしの経験では、親から「片付けなさい！」と毎日のように怒られて育つと、大人になってから、「片付けなくちゃ」と思っただけで、子ども時代の嫌な思い、怖い思いが無意識に浮上し、「うえ～」となって、避けてしまいます。それで片付けられない、という現実になるのです。

お客様の中には、「朝、起きられない」「夜、眠れない」という日々に苦しんでいた方もいました。

なぜそうなってしまったのかを探ったところ、子どものときから結婚して家を出るまで、母親から毎日のように、「早く起きなさい！」「早く寝なさい！」と言われてきたことがわかりました。

その結果、「誰が起きるもんか！」「誰が寝るもんか！」というチャイルドの反抗心が強くなり、大人になってから、そのチャイルドに支配されて、朝、起きない、夜、なかなか寝ないという現実を作っていたのです。

「家事ができない」人は、「お手伝いトラウマ」が無意識に浮上していることが多いです。

毒親さんは「子どもに教える」ということができませんので、何も教えていないのに、子どもがちゃんとできないと怒る、ということが、ままあります。

子どもの頃、「手伝いなさい！」と言われて何とかやってみたものの、「なんでちゃんとできないの！」などと怒られた、という経験を繰り返すと、それがトラウマになります。

そうして大人になると、台所に立つだけで、トラウマ反応を起こして嫌な気持ちになってしまい、「家事ができない」人になったりします。

逆に、子どもの頃にお母さんと一緒にお料理がしたい、お皿を洗ったりしたい、と思って「お手伝いする！」と言ったのに、「あなたはいいから」と拒否された、そんな経験がトラウマになり、「わたしは台所仕事を、やってはいけないんだ」という無意識の思い込みになっていることもあります。

すると、大人になってから、台所仕事をやろうとすると、拒否されたときのつらい感情が浮上するため、抵抗を感じてできない、という現実になるわけです。

ほかにも、子どもの頃から母親が嫌いで「母親のようにならない」と無意識に決めていると、母親がやっていたことすべてを拒否して、「やりたくない」と感じてしまう、そのために家事ができない、ということもあります。

毒親さんには「モノを捨てられない」人が多いですが、それはモノ不足だった時代に育ったため、「何でも大事に使わなければいけない」という思い込みが強いせいです。

子どもの頃、捨てようと思ってゴミ箱に入れたものを、あとで母親に「まだ使えるのに、なんで捨てるの!」などと言われて、ゴミ箱から出された、という経験があると、「モノを捨ててはいけない」という思い込みになり、大人になってから、「捨てられない・片付けられない」ことに悩むようになります。

ゴミ箱をあさるという、親と同じことをやってしまって、自分の子どもに嫌がられている人もいます。

ほかにも細かいことをあげるとキリがないくらい、毒親後遺症はたくさんあります。

「一度始めたら、やめてはいけない」という思い込みもあります。

習い事がトラウマになっている人は少なくありませんが、そのトラウマにも2種類あって、「やりたくないのに、続けさせられた」ことを恨んでいる場合と、「もっとやりたかったのに、やめさせられた」ことを根に持っている場合です。

前者は、「やめてはいけない」という思い込みとなり、自分に向いていない仕事でも、なかなかやめることができません。

後者の場合は、「夢の喪失」がトラウマとなり、「どうせ続けられない」という思い込みとなって、やりたいことを始められない、という現実になったりします。

このように、「◯◯したいのに、できない」というお悩みがある場合は、ひょっとしたら、子どものときの経験が、トラウマになっているせいかもしれません。

ぜひ、「本当の原因」のほうを探って、そちらに意識を向けてみてください。

本当の原因に気づくだけで、ラクになることもたくさんありますので。

親に本心を伝える

本当の気持ちに気づこう

さて、話を戻しますが、子どもの価値観は、親のそれとはちがいます。育った時代が全然ちがうからです。

人が生きるためには、食物の栄養やカロリーだけでなく、気力や元気の「気」、つまり「生きるエネルギー」が必要です。

日々、喜びが感じられれば、生きるエネルギーが尽きることはありませんが、「ねばならない」ばかりでは、消耗する一方で、生きる気力が低下していきます。

喜びを感じるには、本当にやりたいこと、ワクワクすることをする、自分自身を何らかの形で表現する、ということが必要です。

生きづらくてしんどい、という方は、自分がずっと親に支配されてきて、親の価値観に合わせて、やりたくないことばかりやってきたのではないかと、疑ってみてください。

不安の強い毒親さんは、どこまでも安全志向ですが、子どもは自由志向であることが多いです。自分の価値観が親とちがうことに気づいて、もっと喜びを感じられるように、「本当の自分」を掘り起こし、再生させてください。今はそれが可能な時代なのですから。

逆に、子どもに避けられているとか、「毒親だ」と非難されていて、どういうことかわからないと感じている親御さんは、ご自身が子育てでやってきたことを、冷静に、客観的に、振り返ってみてください。

よかれと思って、これまで一生懸命やってこられたことと思いますが、「子どもの気持ちはどうだろうか」と考えたことがあったでしょうか？

ほとんどなかったとすれば、知らず知らずに子どもを傷つけ、支配し、負担をかけてきたのです。

悪気はなかったにせよ、「子どもの気持ちを思いやる」ということが欠けていたという事実を認めて受け入れられると、子どもに対する態度や言動も、おのずと変わってきます。

本当の気持ちが相手に伝わると、問題が解決する

親が「自分で気づきそうもない」「自省のかけらもない」という場合は、何歳になっていても、「遅れてきた反抗期」を、思い切ってやるといいのです。

わたしのお客様には、それまで我慢してきたこと、傷ついたことを綿々と手紙に書いて親に渡した、という方もいます。実家に行って、思いの丈をぶつけて暴れてきた、という方もいます。

毒親さんは、ちょっとでも「責められた」と感じると、激しく反撃してきます。「そんなことは言ってない！」「わたしだって大変だった！」「今さらそんなことを言って、何になる！」などと逆ギレして、多くの場合、聞く耳を持ちません（「かわいそうな母タイプ」は、反撃せず、つらそうにしたり、泣いたりしますが、そうやって子どもを黙らせようとしているだけなので、罪悪感を感じる必要はありませ

ん）。

そこでバトルになってしまうと、チャイルド同士の不毛な争いになります。たいていは毒親さんのチャイルドのほうが強いので、子どものほうが先にあきらめるのが普通です。

それでも、思い切って「本心を言う」ということは、とても重要です。親に本心を言えなければ、他の誰にも言えないからです。

なかには、「とにかく黙って、わたしの話を聞いてっ！」と絶叫して、反撃する親を黙らせた人もいます。

毒親さんを黙らせて、子どもの話を聞く態勢にさせるには、いろいろと工夫が必要なのですね。なにしろ彼らは、ダダコネが得意な「アダルトベビー」だからです。

親がちょっとでも反撃を始めたら、「お母さんを責めてるんじゃないから」「お母さんには感謝してるから」などと言ってなだめるとか、親が話をそらしたら、「今、話がそれちゃったね」と言って、話題を元に戻すなど、こちらが冷静なアダルトの状態をキープして、慎重に、会話をすすめる必要があります。

そんなわけで、毒親さんとまともに会話をするには、「責めていない」こと、「ただ、気持ちを伝えたいだけ」であることを、親がわかるように、かみ砕いて伝える必要があります。

そのために留意すべきことは、毒親さんのタイプによってもちがってくるので、なかなかやっかいです。

ともあれ、一回でうまくいくことはほとんどありませんので、手応えを感じるまで何度でもトライして、親の言動が、自分を傷つけてきたこと、自分はそのせいで苦しい、困っているということを、責めることなくしっかり伝えられるといいのです。

なにしろ、毒親さんたちは、自分が子どもを傷つけている、苦しめている、消耗させていることに、まったく気づいていないのですから。

「親に言っても無駄なんです」とおっしゃる方は多いですが、それは相手がわかるような伝え方をしていないからなのです。

もちろん、そこまで気を遣って話す気になんてなれない、という方も多いでしょうし、そもそも、こちらに相当な余力がないと、毒親さんとまともな会話はできませんので、消耗しているときに、無理にやる必要はないのですが。

ただ、親に本心をぶつけたことで、「現実が変わってきた」という方はたくさんいます。長期にわたるバトルの末、やっと母親の口から、求めていた言葉が出てきた、そしてその日から、持病が寛解《かんかい》に向かい始めた、という方もいます。

一方で、「親に本心を言うなんて、怖すぎてできない」という方も、たくさんいます。

わたしがお会いするお客様は、最初から親への怒りでパンパンになっている方もいれば、怯えるばかりで、怒りなど感じたことがない、という方もいます。

親が怖すぎると、「怒りなど出したら、もっと怖い思いをする」と思い込んでいますので、親に怒りを感じることができないのです。

その場合は、まず、親に対する恐怖心を軽減するための取り組みをする必要があります。

ともあれ、わたしはこれまでの経験から、人間関係のあらゆる問題は、「自分の本当の気持ちを、相手がわかるように伝えていない」ことが原因だと、確信するようになりました。

気持ちが伝えられないのは、自分の本当の気持ちが、自分でわかっていないからでもあります。本当は怖い・悲しいのに、イライラして怒ってしまうことが、実に多いからです。

ですので、まずは自分の本当の気持ちに気づくこと、そして、「親に自分の本心を伝える」ということを、ひとつの課題として、心に留めておいていただければと思います。

機能不全家族とアダルトチルドレン

機能不全家族で育つ子は、役割を演じる

親がアダルトチルドレンで、機能不全な家族の子どもは、親に育ててもらうために、家族の中で一定の役割を演じるようになります。

親の期待に応えて親を喜ばせ、「親のお気に入り」役を演じる子もいます。

親の注意を引くために、病弱になったり、反抗的な態度をとったりして「手のかかる子」役になることもあります。

たとえば、上のきょうだいが、優等生になって「親のお気に入り」役になることを選択すると、下の子は、同じ役で競争するのは不利なので、ちがう役割を選択し、「手のかかる子」になったりします。その逆で、上の子が「手のかかる子」で、下の子が「親のお気に入り」になることも、よくあります。

あるいは、親のグチを聞いてあげたり、両親の喧嘩の仲裁をしたり、つらそうな親を支えるなど、「親を助ける子」役を演じて、親に重宝がられるという選択をすることもあります。

面白いことを言ったり、いつまでも幼い無邪気な言動をとったり、わざと失敗したりして、親を笑わせたり、ほほえましい気分にさせる、「ムードメーカー」役を演じる子もいます。

場合によっては、親に怒られないよう、おとなしくして存在を消し、「いない子」という役割を選ぶこともあります。

逆に、親に指示命令されると激しく暴れるなどして親を怯えさせ、親を子どもの言いなりにさせる、「親の支配者」役を選ぶこともあります。

また、子どもは思春期になると、それまでの選択を見直して、役割を変えることがあります。

小学生までは親の顔色をうかがって「親のお気に入り」役を演じていたけれど、中学生以降は自己主張を強めて「親の支配者」役に転じる、という具合です。

「親のお気に入り」役だった上のきょうだいが、挫折して反抗するようになり、「手のかかる子」に役割を変えると、今度は下の子が急に頑張って優等生になり、「親のお気に入り」役になりかわることもあります。

もちろん、ずっと同じ役割を演じ続けることも多いです。

子どもなりに、その環境でベストな選択をして、なんとかサバイバルしていくわけですが、問題なのは、成人後もその役割を引きずってしまいがちなことです。

親のために生きていると、生きづらくなる

大人になり、社会に出てからも、「親のお気に入り」役を続けるべく、過剰に頑張りすぎてしまったり、何歳になっても、なにかと問題を起こして親に負担をかけ、「手のかかる子」でい続けたり、「親を助ける子」役を続けて、自分は後まわしで、親の要望に応え続けて、消耗してしまったり……。

本来は、親に育ててもらうための役割ですから、成人後はもう演じる必要がないのですが、大人になりきれないアダルトチルドレンは、子どものときの役割を、そ

のまま引きずってしまいます。

わたしのお客様には、無意識に、母親優先の「親を助ける子」役を続けたあげく、負担感が強まって、心身の調子が悪くなったり、自分の家族に問題が生じたりして、ご相談にいらっしゃる方もいます。

ご自身の思い込みに気づいて、「もう、やらなくていいんだ」と腑に落ちると、母親に尽くすことをやめて、自分と自分の家族を優先するようになります。

「親のお気に入り」役で、ずっと頑張り続けている人は、それなりの成果も出しますので、なかなか問題に気づきにくいのですが、本当は「親に気に入られるため」「親に認めてもらうため」に際限なく頑張っていただけで、いくらやっても、真の達成感、幸福感は得られないため、やはり生きづらさを抱えるようになります。

たとえば、親の期待に応え続けて高学歴となり、ステータスの高い職についている人は、世間的には「勝ち組」ですので、本人も周囲も問題に気づきにくいです。

ですが、わたしのお客様には、親のステータスが高い方、ご本人のステータスが高い方が、少なくありません。

日本のエリートの少なからぬ人たちが、無自覚なアダルトチルドレンで、実は生きづらさを抱えているのではないかと感じています。

このように、アダルトチルドレンの生きづらさというのは、子どものときの役割を演じ続けてしまうところにもあるのですね。

何歳になっても親を満足させるため、助けるため、あるいは親の注意を引くために行動してしまい、真に自分の人生を生きられないからです。

これもまた、毒親後遺症と言えるかもしれません。

次に、日本人に多い無自覚なアダルトチルドレンについて、ご説明します。

「眠り姫」「眠り王子」が増えている

親子関係における「眠り姫」「眠り王子」って、いったい何のことだと思いますか？　それは、親の支配下で生きていることに気づかないまま、何歳になっても子どものときの役割を演じていて、「親のお気に入り」として、「仲良し親子」でいたり、親の機嫌をとるために、日々、気を遣っている人たちのことです。

彼らは、結婚しても、配偶者より親に気持ちが向いていて、しょっちゅう親と電話で話して近況報告をしていたり、実家に帰って、親のおしゃべり相手になっています。

また、配偶者の意見より親の意見に従うので、往々にして配偶者との関係がぎくしゃくしがちです。

さらに、親に認めてもらうため、評価してもらうために、自分の子どもを「いい子」に育てようと必死になっていたり、習い事や勉強を頑張らせたりしがちです。

そのまま老いた親の面倒も見て、介護も引き受けて、親の望みを叶え続けることもある一方で、あるとき眠りから覚め、「愕然《がくぜん》とする」人たちもいます。

「眠り姫」「眠り王子」は、眠っているあいだは、「自分の親はいい親だ」と信じていますが、眠りから覚めると、自分がずっと親の気に入るように、親に合わせて振る舞ってきたことに気づきます。

自分の本当の気持ちにはフタをして、着る服から進路、結婚相手まで、何もかも親の意に沿うようにして、自分の意志を持てなかった、まるで親の奴隷か操り人形のようなものだった、と気づくのですね。

「眠り」から覚めるきっかけ

先に述べたように、「眠り」から覚めるきっかけはさまざまです。

たとえば親から遠く離れて暮らすようになって、初めて自由を感じ、親の呪縛に気づくことがあります。また自分が子育てを始めて、「親はなぜ、あんなことを言ったりしたりしたのだろう」と疑問を持つようになり、それで気づくこともあります。

子育ては親の問題に気づくきっかけになりやすいので、眠りから覚めるのは「眠り姫」のほうが多く、「眠り王子」は一生そのままいくことのほうが、割合としては多いです。

とはいえ近年は、二世帯住宅で親と住んでいた息子夫婦が、親の干渉に耐えられなくなって、逃げるように家を出て、親から遠ざかるというケースも見られます。

眠りから覚めてしまうと、もう親の思い通りにはなりたくないと強く感じ、親と距離をとろうとするのです。

でも、長年にわたって子どもに依存してきた親は、それまで通りの関係を望みます。そこで初めて、子どもが強く反発し、親とぶつかるのですね。

それも言わば「遅れてきた反抗期」ですが、子どもを手放そうとしない親から離れるには、かなりのエネルギーを要します。それで、ほとほと困って、ご相談にいらっしゃる方がたくさんいるのです。また、夫婦の問題で悩まれているケースでは、夫や妻が「眠って」いて、自分の家族より自分の親を優先しているために問題が生じていることが、とても多いのですね。

なぜ、こんなことになってしまうのでしょう?

核家族化で、親が「絶対的な存在」になった

本来、子どもは、産みの親だけでなく、地縁血縁のたくさんの大人たちとかかわりながら育つものでした。もっと昔であれば、子どもたちは、属するコミュニティ

の大人たち全員に育ててもらっていたのです。

もっと言えば、子どもとは、産みの親が育てるものではなかったのです。産みの親は、まだ若くて未熟です。だから、子どもを授乳してかわいがるだけで、後のことは、もっと成熟した他の成人がやってくれていたのです。

その意味では、今、産みの親だけで子どもを育てるという、人類史上初の「無謀な試み」をやっていることになります。

身近にたくさんの大人がいれば、たとえ産みの親が厳しすぎたり、人格的に偏っていても、他の大人が親身に慰めてフォローしたり、不足を補ったりできました。つまり子どもには「親以外の大人の支え」という逃げ場があったのです。

また、多様な大人が身近にいることで、自分がどんな価値観で生きるかという選択もできました。

ところが今、子どもに日常的にかかわる大人が親だけになってしまい、逃げ場を失った子どもは、無事に育ててもらうため、家族に適応するために、親を「絶対視」して、従うしかなくなったのです。

本当は自分を殺して親に従わなければならないのは苦痛なのですが、生きるために、つらい感情は封印して感じないようにします。そして、思考で合理化して、「親は正しい。だから、親に従っていればいいんだ」と思い込むようになるのです。

それが「親の絶対視」なのですが、ほとんど「信仰」と言えるほど、強固になることもあります。

核家族化がすすんで数世代が経っていますが、親の存在感はますます強まり、大人になっても親子の付き合いが密な場合は、子どもが「眠り姫」「眠り王子」であるケースがほとんどだろうと感じています。

子ども時代に、学校や課外活動で、親以外の大人のよい影響を受けることができた人は幸運です。親とはちがう、自分に合った価値観を選択して、親に反抗し、自分の人生を生きることができるからです。

でも、そんな運に恵まれなかった人は、親を絶対視して従ううちに、本来の自分を見失い、「親は正しい」という呪縛にとらわれ、自覚がないまま、親の操り人形として生きるようになります。

そのため「眠り姫」「眠り王子」は一見、幸せそうであっても、年とともに生きづらさが増して、ウツになってしまうこともよくあるのです。

毒親は子どもを自立させせない

今、子どもを手放せない親、子どもを自立させられない親が増えています。

親が、「子どもの欲求」を抱えたアダルトチルドレンなので、自分の子どもを親がわりにして、いつまでも甘えていたいからです。

だから、いくつになっても親と同居している大人がたくさんいるのです。

親は、「子どもがなかなか自立してくれない」と子どもの問題だと思っていますが、実は親のほうが子離れできないのです。

無意識レベルでは、子どもがいつまでもそばにいてくれるのが嬉しいのですね。

また、所帯を持った子どもを、親の所有する敷地内に住まわせていることも、よくあります。

今どきの母親は、息子より娘を手元におきたがりますので、娘の夫がマスオさん状態になっていることが、とても多いのです。

もちろん、親に悪気はないし、子ども夫婦に家まで建ててあげたりしていることもあります。

ですが、そうした経済的な援助は、実は「支配のツール」で、子どもが親に逆らいにくくなりますし、親の援助をアテにするようになれば、さらに自立が難しくなります。

「昭和の強迫観念」で頑張ってきた親世代は、老後にそなえて貯蓄もしていますので、子ども世代より、お金を持っています。その経済力を使って、子どもを手元に置いて、いつまでも支配下に置き続けるのです。

子どもは「親に世話になっている」と、感謝しているかもしれませんが、実は親のために生きているようなもので、中高年にもなると、次第に不調を感じるようになります。

ここで、自立できない子どもの最たるものである「ひきこもり」を取り上げ、なぜそうなってしまうのかを、ご説明していきます。

ひきこもりの子が、親に教えてくれること

「子どもの問題」と考えているかぎり、何も変わらない

「ひきこもり」が話題になってすでに久しいですが、このひきこもりって、いったいどういう現象なのでしょう？

わたしの経験では、お子さんがひきこもりで悩んでいる親御さんは、みなさん、とてもまじめで、ずっと頑張ってこられた方々です。ご主人もちゃんと働いていて、経済的には、そこそこ恵まれた家庭であることが多いです。

親御さんたちは、自分たちがまじめに頑張ってきたからこそ、今の生活があると思っています。だから、なぜ、わが子が同じように頑張らないのか、理解できないのですね。

そして「このままでは、わが子の将来が心配だ」と、焦って子どもに何かさせようとしては、かえって事態を悪化させがちです。

親が、ひきこもりは子どもの問題だと考え、子どもに「○○させたい」と考えているかぎり、何も変わらないのです。

そのため、ひきこもりは、長期化しやすいのです。

親の「ねばならない」が強いと、子どもは消耗する

ひきこもりとは、ある日突然、起こるわけではありません。

幼い頃からじわじわと、子どもの「生きるエネルギー」が低下していき、社会のストレスに「もう耐えられない」という状態になると、自分を守るため、安全な家の中にひきこもるのです。

この「生きるエネルギー」を低下させる最大の要因が、親の「ねばならない」という強い思い込み、強迫観念だと考えています。つまり、ひきこもりの親御さんも、やはり毒親だったのです。

繰り返しになりますが、まじめに一生懸命、生きてきた親御さんほど、「頑張らなければいけない」「我慢しなければいけない」「人に迷惑をかけてはいけない」「人より優れていなければいけない」「競争に勝たなければいけない」「優秀でなければいけない」といった「ねばならない」にとらわれています。

「そうできなかったら、生きていけない！」という昭和の強迫観念に、がっつりとらわれているのです。

そして当然、子どもにも、「よかれと思って」それを押し付けます。

そんな親に育てられると、子どもは、つねに追いたてられ、評価され、干渉されて育つため、次第に神経が疲弊してきます。

また、不安と焦燥感にかりたてられている親は、子どもの気持ちを思いやる余裕がないため、子どもはどんなにつらくても、我慢するしかありません。

さらに、子どもがやりたいことより、親がやらせたいことばかりさせるので、子どもにとっては、「喜び」のない日々となります。

その結果、子どもの「生きるエネルギー」が、どんどん下がっていくのですね。

さらに、ひきこもりの親御さんは、無意識に、「世の中は恐ろしいところだ」「他人は敵だ」と思い込んでいて、つねに警戒しているため、心身が緊張しています。

そう思い込んでいる理由はいろいろありますが、ざっくり言ってしまえば、「戦争後遺症」が、代々受け継がれて、世の中や他人に対して、つねに「警戒せよ！」という構えになっているのだろうと思います。

親の世代は、家の外がどんなに恐ろしくても、「頑張らなければ生きていけない」という強迫観念のほうが勝っていたため、感情・感覚をマヒさせて、とにかく外に出て、やるべきことをやっていました。

でも、強迫観念がさほど強くなく、外の世界は恐ろしいという感覚のほうが強ければ、当然、安全な家の中にとどまるという選択をします。誰でも恐ろしいところには、行きたくありませんので。

そして、親自身も、実は無意識レベルで、「子どもを恐ろしい世の中に出したくない、安全な家の中にいてほしい」と思っています。

実際、親に経済力があり長生きするようになったことで、子どもは頑張らなくても、我慢しなくても、何もしなくても、とりあえず食っていくことができます。貧しい国ではひきこもりなどありえませんが、それは、ひきこもっていたら、生きていけないからです。

「家にひきこもって、何もしないで生きていく」という選択が可能なほど、日本は今、豊かだということなのですね。

親御さんは、子どもがひきこもっていることで悩み、苦しんでいますが、その苦しみは、「世間体が悪い」とか、「人にどう思われるか」という不安と、「人並み（普通）でなければいけない」とか「働かざる者、食うべからず」「頑張れない人間は価値がない」といった、昭和の強迫観念からくる焦燥感、そして、自分たちが死んだ後、どうなるのか、という将来の不安からきています。

そうした毒親さんらしい不安と焦燥感を取り除くと、案外、子どもが家にいることに、どこか安心し、満足しています。

実際に、ひきこもりの親御さんは、「あの子はもう、家を出ないと思います」というふうにおっしゃることが多いのです。

そういう親は、その子が、厳しい社会に出て、もまれて生きるのは無理だと、内心で決めてしまっているのですね。

そういう意味では、無意識的には、「親の思い通りになっている」とすら言えます。

もうひとつ、わたしが感じているのは、ひきこもっている子どもは、強迫観念で頑張り続けている親のかわりに、「休んでいる」のではないか、ということです。それについては、後ほどご説明します。

というわけで、親の不安と強迫観念、喜び不足、「世の中は恐ろしいところだ」「他人は敵だ」という思い込み、そして「頑張りすぎ」が、子どもを追いつめ、エネルギーを低下させた結果、子どもがストレスの多い社会から撤退して、家にこもるという選択をしている、それがひきこもりだと考えています。

言い換えれば、親が毎日「生きるのは大変だ」「世の中は厳しい」「誰も信用できない」などと脅しながら、「人に評価されるように頑張りなさい」「みんなと仲良くしなさい」「親を満足させなさい」などと、矛盾したメッセージを送り続けてきたため、それで子どもは身動きがとれなくなった、ということです。

逆に言えば、子どもはひきこもることで、親に、「あなたがたは、義務感と強迫観念だけで頑張っているけれど、生きる喜びがないし、世の中や他人を敵視して、不安と恐れにとらわれていますよ。本当に、そんな生き方でいいのですか？」と問いかけているのですね。

ひきこもる子は、親の幸せを願っている

親の期待に応えるべく、頑張れる間は頑張ってきた子も、エネルギーが尽きると動けなくなります。

その原因を作ったのは、親のほうですので、親が変わらないかぎり、子どもも変わりません。

ではいったい、どう変わればいいのでしょう？

子どもの生きるエネルギーが回復していくためには、親の「○○でなければならない」という思い込み、価値観を、根底から変える必要があります。「ねばならない」で頑張ってきたおかげで、衣食住は満たされても、それで本当に幸せと言えるでしょうか？

何もかも、義務感と強迫観念からやっているだけで、「生きる喜び」がないのではないでしょうか？

誰でも自分の子どもの頃を基準にしますので、実家の親よりは、今の自分のほうが幸せだ、と感じているかもしれません。

子どもの頃は、ほしいものを買ってもらえなかったけれど、今は好きに買えるから幸せだとか、親は喧嘩ばかりしていたけれど、自分たちは喧嘩していないから、よほどマシだ、というように。

ちなみに、わたしのお客様には、「子どもの頃、さんざんつらい思いをさせられてきた」と思い切って親に訴えたら、親がただちに、「あんなによくしてやったのに！」と激怒して反撃してきたので驚いた、という方が多くいらっしゃいます。

子どもにとっては意味不明なのですが、親は、自身の子ども時代とくらべていて、子どもは自分よりずっと恵まれている、と思っているのですね。

時代が変わりましたから、親世代より、自分たち世代のほうが物質的には恵まれていて、よい状態であることは確かです。

ただ、子どもたちの世代は、さらに時代が進んでいるため、もっと期待水準が高いのですね。

昭和世代が重視してこなかった、あるいは、ほとんど気にしたことすらなかった「共感し合う」とか、「わかり合う」、本当にやりたいことをして、「自己実現する」といった、ワンランク上の幸せを、子どもたちは求めているのです。

物質的には満たされていて、何不自由なく生活できていても、家族に気持ちのつながりがなく、バラバラで孤立していたら、彼らにとっては「不幸」なのです。

たしかに、本当の幸せとは、日々、家族が互いを信頼し、思いやりを持って、喜びも悲しみもともに感じて、必要なときは癒し合い、助け合える、そうした安心感がベースにあってこそ、実感できるものではないでしょうか。

ひきこもる子どもたちは、親に本当の意味で、幸せになってほしいと、無意識に願っています。だから、親がそれに気づくまで、頑固にひきこもり続けます。

言ってみれば、人生を賭けて、親の生き方や価値観に「反抗」しているようなものです。

親のほうは、「そこまでは無理、かんべんしてくれ」と言いたくなるかもしれませんが、少なくとも、それを理解するだけでも、ちょっとちがってくるかもしれません。

親の価値観は、昭和時代の価値観。すでに時代は大きく変わっています。

今はもう、頑張らなくても、我慢しなくても、競争に勝たなくても、人に評価されなくても、人に好かれなくても、生きていけるのです。

そんなことより、もっと大事なことがあると、ひきこもる子は、暗に、親に訴えているのですね。

親の価値観が変わると、子どもが変わる

ひきこもりとは、衣食住確保が最優先だった「戦後の価値観」から、衣食足りて、喜びや生き甲斐を求めるようになった「豊かな社会の価値観」への転換期に、核家族という、子どもにとって逃げ場のない生育環境が引き金となって生じた、社会現象のひとつだと考えています。

誰も悪くはないのですが、もし、ひきこもっている子を元気にしたいなら、親が価値観を変え、もっと、喜びや思いやりを重んじて、日々をゆったりと過ごし、人生を楽しんで生きるようになる必要があります。

そのように親が変わって初めて、子どもも変わり始めるからです。

親のかわりに子どもが休んでいる

親が頑張りすぎると、子どもは頑張れなくなる

これまで述べてきたように、子どもがひきこもるのは、親が昭和の強迫観念にとらわれているためであり、時代が大きく変わったためなのですが、そうした社会的な要因がある一方で、パーソナルな個別の要因も、もちろんあります。

ひとことで言えば、子どもがひきこもるのは、「親が頑張りすぎているから」なのです。

「ねばならない」で、何事も義務感で頑張っている親は、実は疲れ切っているのですが、そういう自覚がありません。

だから、親のかわりに子どもが休んでいるのです。

なぜ、そんなことが起こるのでしょう？

人は集団になると、集団自体がひとつの有機体として機能します。

たとえば、会社に社員が１００人いると、猛烈社員が20人、普通の社員が60人、遊んでいる社員が20人という、２対6対２になると言われています。

猛烈社員だけ集めて会社を作っても、同じ割合で、普通の社員と遊んでいる社員が出てきます。

学校も同じです。トップクラスの子が集まる一流校でも、かならず成績優秀な子と、普通の子、底辺の子が出てきます。元はみなデキる子だったのに、学校に入ってから、頑張る子と、ほどほどにする子と、やる気がなくなる子がかならず出てくるのですから、不思議ですよね。

家族も集団ですので、同じ原理が働きます。

もし、親が猛烈社員なら、子は遊んでいる社員になります。そうやって、集団全体のエネルギーのバランスをとっているのです。

なので、子どもに元気で活躍してほしいなら、親が頑張るのをやめて、しっかり休んで、もっとのんびりする必要があります。

日本全体という集団で見ても、１００万人を超えるとも言われる、ひきこもりの存在は、頑張りすぎている日本人が多いため、彼らが休むことで、全体としてのエネルギーのバランスをとっているのだと言えます。

子どもの問題で、親が我慢してきたことがわかる

子のひきこもりが、親の頑張りすぎを映し出すように、あらゆる子どもの問題が、親が無意識に抑圧してきたことを、見事に映し出しています。

これは、わたし自身の体験と、カウンセリングのお客様の体験から、年々、確信を深めてきたことです。

幼い子が言うことを聞かなくて、お母さんが手を焼いているなら、それはお母さんが幼い頃、親が怖くて我慢して「いい子」になり、自己主張できなかった、ということ。

子どもが片付けや宿題をちゃんとやらないと、無性にイライラするのなら、本当

は自分も子どもの頃、片付けや宿題をやりたくなかった、でも親が怖いから、嫌々やっていたということ。

子どもが不登校になっているなら、本当は親が、学校が嫌でたまらなかった、ということ。

子どもがひきこもっているなら、本当は親が、何もしないで家にこもっていたかった、ということなのです。

子どもがすることで、イライラすること、気になることはみな、自分が子どものとき、「本当はそうしたかったけれど、できなかったこと」なのです。

子どもに共感できると、現実が変わり始める

ただ何度も言うように、親自身が子どもの頃の「本当の気持ち」をすっかり忘れているので、やっかいなのです。

本当は、親に嫌われて、見捨てられるのが怖いから、一生懸命「いい子」にしていた人も、「親が怖かった」ということは抑圧して、すっかり忘れているのが普通

です。

そして、「自分はいい子にして（親を安心させて）いたのに、なぜ、あなたはできないの！」と、内なるチャイルドが、わが子にイライラするわけです。

本当はあなたも、子どもらしく気ままに振る舞いたかったのです。でも、残念ながら、できなかった――そのことが腑に落ちると、子どもを見る目が変わってきます。

「わたしも本当は、こうしたかったんだ」と、子どもの気持ちに共感できるようになると、我慢してきた過去の自分も、徐々に癒されてきます。

「子育ては自分育て」と言いますが、子育てはまさに、「過去の自分」を育て直し、癒すプロセスでもあるのです。

そうやって、子ども時代に満たされなかった欲求に、ひとつひとつ気づいてあげて、その当時に感じていた本当の感情と向き合っていくと、自分の中のチャイルドたちが安心し、成長を再開して、大人になっていきます。

アダルトチルドレンの生きづらさは、子ども時代に満たされなかった欲求と、そのとき我慢した感情のエネルギーを抱え込んだまま生きていることによる苦しさからきています。

子育てを自分育てとして、気になること、イライラすることをすべて、過去の自分の本当の感情に気づくきっかけとして考えられるようになると、子どもにとってもプラスですし、自分自身の癒しにもなるのです。

子どもは、その年齢のときの親の気持ちをあらわしている

わたしのお客様には、お子さんの問題で悩んで、ご相談にいらっしゃる方も多いのですが、わたしはかならず「お子さんの年齢のとき、あなたはどんな感じでしたか？」と質問します。

初めは「別に普通だったと思います」とおっしゃる方も、お話しするうち、実はとてもつらかったんだ、とわかってきます。

いま、子育てがつらいと感じる人がたくさんいますが、それは、過去の自分の本当の感情を封印しているせいで、「子どもに共感する」ことができなくなっている

からです。

それが「感情マヒ」のためだということは、すでに書きました。

次に、やはり子どもの問題で気づけること、知っておいてほしいことを、もうひとつ、ご説明しておきます。

目に見えない「神経疲労」に要注意

神経疲労は、目に見えないから理解されにくい

今、子どもの不登校やひきこもり、ご自身やご家族のウツなどでお悩みの方が、少なくありません。

いずれも、やるべきことができず、「社会活動から撤退している」という状態が共通しています。

それぞれ、数十万人規模で見られる、言わばポピュラーな現象です。

そのわりに、何が起きているのか、本当の原因は何なのかが、あまり理解されていないように感じています。

いずれの症状も、「怠けだ」「根性がなってない」などと、いまだに非難の目で見る人がいますし、正しい理解のないまま、善意で叱咤激励すれば、本人の症状はま

すます悪化し、長期化してしまいます。

また、本人も、本当の原因がわからないので、みんながやっていることがデキナイ、人に迷惑をかけている、そんな自分はダメだと落ち込みがちです。

なぜ、こうなってしまうのかというと、原因が「神経疲労」という、目に見えないものだからです。

骨折していたり、出血していたり、高熱が出ていれば、誰でも具合が悪いとわかりますから、周囲も無理をさせずに、早く治るよう協力しますよね。

でも、神経疲労の場合は、そうした目に見える症状がないため、「なぜ、みんながやっていることができないの？」と責めたくなってしまうのです。

神経疲労は、幼児期からの蓄積

不登校やウツには、何かきっかけがあることも、もちろんあります。友人関係のトラブルとか、仕事でミスをして上司に叱責されたとか、職場のいじめとかですね。

でも、それらはあくまできっかけに過ぎず、本当の原因は、もっとずっと前から始まっています。

わたしはこれまでに、お子さんが小学生で不登校になったという方、中学や高校で行けなくなった方、大学でひきこもった方、就活で挫折した方、就職してから耐えられずに辞めた方、中高年になってからウツになった方、などなど、あらゆる年代で「動けなくなった」方たちのお話をうかがってきました。

その経験からわかってきたのは、動けなくなる人たちは、幼少期から、ずっと我慢してきたということ。周囲の価値観、「ねばならない」に従ってきて、自分の本心や、本当にやりたいことを抑圧してきたということです。

周囲の強迫観念に圧倒されて、本当はやりたくないことをずっとやってきたので、喜びが感じられずに消耗するばかりで、ホトホト疲れてしまった、ということです。そういう状態が続くと、神経疲労の症状が表面化します。

わたしたちは普通、身体を酷使すると「疲れる」のだと思っています。ところが実際には、恐怖や不安で神経が追いつめられることで疲れる、神経疲労の影響も、実は大きいのです。

「動けなくなる」人たちは、幼い頃からの神経疲労の蓄積で、「もうこれ以上のストレスは、耐えられない」という限界に達しています。

だから、生き延びるために、体が「ストレスを受ける活動をしない」という選択をする、それで「動けなくなる」のです。

そんな状態になったら、ひたすら休むしかありません。たくさん寝て、ストレスを排して、のんびりと好きなことだけする。そうやって、ゆっくりと、神経を回復させてあげてください。回復してきたら、自然に、身体が動きだしますので。

親の価値観を押し付けるのをやめよう

本人が回復してきたとき、親がまた、自分の価値観で子どもをコントロールしようとすると、それがストレスとなり、一気に子どもの「生きるエネルギー」が下がって、元の木阿弥《もくあみ》になります。

不登校、ひきこもり、ウツといった症状が子どもに出た場合、親は「自分の価値観の押し付けはもうやめよう。すべて子どもの意志にまかせよう」という、一大決心をする必要があります。

そうして初めて、子どもは安心して回復し始め、自分の人生を生きられるようになるからです。

ご自身のウツを治すためには、自分が「親の価値観」にとらわれていることに気づいて、それを手放し、自分にとってもっと快適な「本当に楽しいことをして生きていこう」と、これまた一大決心をする必要があります。

本当にやりたいことが見つかると、ワクワクしてきて、「こうして寝ている場合ではない」という気分になり、ウツがあっさり治ることがあります。

子どもの不登校や、ご自身やご家族のウツなどの症状は、自分が古い強迫観念にとらわれていることに気づくチャンスです。

ぜひ、手放して、もっと気楽に、快適に生きてほしいと思います。

何度も言うように、今はそれが可能な時代なのですから。

Part 4

家族の関係をよくするために

親子バトルをひきおこす3つの要因

親が何でも「正論」で返してしまう

さて、わたしのお客様には、「娘に『おまえは毒親だ！』と責められていますが、どういうことかわからなくて」と、困惑顔で、ご相談に来られるお母様もいます。

日々、娘さんの反抗にあっていて、穏やかに対応しようとしても、結局ブチ切れて、激しいバトルになってしまう、そんなお悩みの方も少なくありません。

自分なりに、精一杯努力しているのにうまくいかない、そういう親御さんも、たくさんいるのですね。

親子バトルになりやすい典型的なパターンが、お母さんが「ヘッド・タイプ」で、お子さんが「ハート・タイプ」である組み合わせです。

ヘッド・タイプとは、感情マヒが強く、すべてを「思考」で分析して、処理しようとする、理屈っぽくて、頭でっかちな人たちのことです。

このタイプの親は、子どもが気持ちをわかってほしくて何か言ってきたとき、即座に思考で処理し、正論で返します。

たとえば、子どもが学校の人間関係で悩んでいて「つらい」と言ってきたとき、子どものつらさはすっ飛ばして、「どうしてそんなことになったの？」「あなたも悪いんじゃないの」と原因を追及したり、「こうすればいいじゃない」などと問題解決のための提案をしたりします。

すると子どもは、つらい思いをしている自分が「否定された」とか「気持ちを無視された」と感じて、傷つきます。

そこで黙ってしまい、「親に言っても、どうせわかってもらえないんだ」とあきらめてしまう子も、たくさんいます。何かつらいことが起きても、「言っても無駄」とばかり、ひとりで抱え込んで、親に相談するのをやめてしまうのです。

学校でいじめられていても、親に言えない子どもは多いですが、親がヘッド・タイプで、子どもの気持ちに寄り添うことができず、反射的に、叱咤激励したり、ダメ出ししてしまったりする場合に、そうなりがちです。

子どもがあきらめてしまう場合は親子バトルにはなりませんが、その代わりに子どもが「人に心を開けない」「本心を言えない」大人になるといった後遺症が残ります。


激しいバトルになりやすいのは、子どもがハート・タイプの場合です。

ハート・タイプとは、感情をビビッドに感じていて、つねに気持ちが前に出るため、親に否定されたり、気持ちを無視されて傷つくと、その傷つきを前面に出して、いっそう親に訴えてきます。

でも、親のほうは「妥当なことを言っている」と考えているため、子どもの傷つきがわかりません。

だから子どもはさらに荒れるし、親は「ワケがわからない！」と反撃して、バトルが悪化するのですね。

なかには、娘のあまりに激しい攻撃にあって、母親のほうが根をあげて実家に逃げてしまったケースもありました。

実は、ヘッド・タイプの親は、子どもの気持ちを感じることから逃げています。なぜなら、子どもの気持ちを感じてしまうと、自分が過去にフタをしてきた、つらい感情に気づいてしまうからです。

自分が過去にフタをした、つらい感情と同じだと、無意識にわかっているのです。だからこそ、それを感じたくなくて、子どもに「そんなことないわよ」「○○すればいいじゃない」などと言い放って、子どもの気持ちをはね返してしまうのです。

親子バトルで大変なことになっている場合、親は子どもが何か言ってきたとき、頭で考えて判断するのを、いったんやめてください。そして、

「今、あの子は何を感じているのだろう?」

そう思って、子どもの気持ちを体で感じようとしてみてください（推測するだけでもけっこうです）。

「ああ、今すごく、つらいんだな」「不安でたまらないんだな」などとわかれば、オッケーです。

子どもの思いをそのまま受け取って、「それはつらいね」「不安になっちゃうね」と返せばいいのです。

子どもは「過去の自分」です。なので、よーく胸に手をあててみると、親自身にも、似たようなことがあったとわかります。

そのときの自分の気持ちに気づくことができれば、

「お母さんも、同じようなことがあったから、その気持ち、わかるよ」

と子どもに言うことができます。そうして初めて、子どもは心から安心します。

子どもは親に、解決策ではなく、共感してもらい、気持ちを支えてもらうことを求めているのですから。

子どもの気持ちに寄り添ったり、共感することができない、苦手だ、という方は、子どもが何か言ってきたとき、反射的に反応するのをやめてください。

まず「そうなんだ」とだけ言って、黙ってください。

そして、目の前の子どもをよーく見て、子どもの気持ちを感じとる練習をしてください。


気持ちは、頭で考えるのではなく、体で感じるものです。そして、体で感じるには、時間がかかります。だから、しっかり「間《ま》をとる」必要があるのです。

ヘッド・タイプの人が、気持ちを「感じる」には、練習が必要です。

頭であれこれ考えないで、体の感覚に意識を向けて、体で子どもと同調することを心がけるといいのですね。

難しいかもしれませんが、コツをつかめば、できるようになります。

ぜひ、子どもをよく見て、しっかり間をとって、子どもの気持ちを感じとり、共感する言葉がけをしてあげてください。

親が世間体を優先している

親子バトルになる要因の2つめは、親が子どもの気持ちより、「人にどう思われるか・どう見られるか」ばかり気にしていること。つまり、子どもより、世間体のほうを優先している、ということです。

子どもがちゃんとしていないと、自分がいい親に見えないのではないか、子どもが優秀じゃないと、自分が親に認めてもらえないのではないか、子どもが30歳を過ぎても結婚していないと、親戚やご近所にどう思われるだろうか……などなど、つねに人目を気にして不安にかられ、子どもに「ああしろ、こうしろ」と指示命令したり、ダメ出ししたりしています。

子どもは敏感ですから、「お母さんは、わたしより、自分がどう思われるかのほうが大事なんだ」と感じて、やはり傷つきます。

でも、親の側は（かつて親を安心させるために「いい子」だった人ほど）「わたしのために、もっとちゃんとしてちょうだい！」「わたしにこれ以上、負担をかけないで！」と、ストレスや怒りがつのって、いっそう子どもを攻撃してしまうのですね。

これまた、子どもにとっては、たまらなくつらい状況です。

毒親さんの中には、子どもが学校でちょっと問題を起こして、担任に呼び出されたりすると、帰ってから、「よくも恥をかかせたな！」と、子どもを激しく責め立てる人もいます。

子どもがなぜ、そうした行動をとったか、どうやって支えてあげればいいか、ということより、「自分が傷ついた、つらい思いをさせられた」という被害者意識のほうが強いのです。

これほど正直に怒りをあらわさないにしても、親が子どものことで悩んで苦しい場合、胸に手をあててよく考えると、その大半が、他人にどう思われるかと思うとつらい、という「自分の苦しさ」であることが多いのです。

わかりやすいのは、不登校です。

子どもが学校に行けなくなったとき、子どもが今どういう状態なのかを見きわめたり、親として適切なサポートは何かを探ることより、学校の先生に、自分がダメな親だと思われるのではとか、ママ友にどんな目で見られるかとか、ご近所に「あそこの家は不登校だ」などと言われることへの不安が先に立つと、何が何でも子どもを学校に行かせようとして、子どもとバトルになってしまいます。

他人の目がいっさい気にならなければ、単純に「子どもが神経疲労で消耗して、学校を休んで家にいる」というだけですから、回復するまで親子でのんびり過ごせばいいのであって、とりたてて悩み苦しむ必要はないのです。

日本人は総じて、「人にどう思われるか」を気にする傾向が強いですが、毒親さんはさらにそれが強く、「世間様に悪く思われたら、もう終わりだ」というくらい、世間体を気にします。

また、つねに他人を「敵か味方か」、自分より「上か下か」、自分のほうが「勝っているか、負けているか」といった目線で見ています。

こうしたことも、やはり昭和時代の名残で、戦争後遺症ではないかと、わたしは考えています。

「人にどう思われるか」を気にし、人によく思われるために、外面をやたらとよくするのは、根底に「村八分恐怖」があるためでしょう。

貧しく、食糧もモノも不足していた時代には、近隣の人に嫌われて村八分にされれば、もう生きていけなかったからです。

江戸時代の「五人組」制度に見られるように、日本人は長らく村人同士の相互監視と密告によって治安維持をはかっていましたので、その名残だとも言えます。

この「人の目を気にする」傾向が強いことが、日本人の礼儀正しさや、非常時でも自制心を失わずに秩序を保てるという特性を、際立たせているのだと思います。

さらに、何でもすぐ「人とくらべる」のも毒親さんの特徴ですが、これも根っこは同じです。

戦中・戦後は「人より劣っていたら、生きていけない」時代でしたので、自分が人より勝っているかどうかを、つねに気にしていたのです。

そのため、子どもにも「○○ちゃんはあんなにできるのに、どうしてあなたはできないの！」などと、人とくらべてわが子にダメ出しすることが、よくあります。彼らにとっては「人より優れているかどうか」が死活問題なのです。

子どもは当然傷つきますし、成人後も「人とくらべて、自分はダメだと落ち込む」ということを、繰り返します。これもまた、毒親後遺症なのですね。

というわけで、親が世間体を重視しすぎることが、子どもを傷つけバトルを引き起こす原因なのですが、親の側も必死なので、自分が時代錯誤でまちがっていることになかなか気づけません。

子どもの気持ちより、世間体や人にどう思われるかを気にしている、という方は、自分の親もそうだったということに、気づいてほしいのですね。

親の思い込みを、そのまま受け継いでいるわけですが、時代がすっかり変わってしまいました。

今はもう五人組はありませんし、こんなに豊かな社会になったので、ご近所に嫌われても、世間様にどう思われようが、ちゃんと生きていけます。

むりやり村に適応して、村の有力者の覚えをよくしようとしなくても、大丈夫なのです。

今は、人の目を気にせずに、しっかり子どもと向き合って、子どもの気持ちを優先してあげられる時代ですので、そこをよくよく意識して、自分が「世間体優先」になっていないか自戒し、先述のように子どもをよく見て、共感する練習をしてほしいと思います。

親の強迫観念を押し付けている

親子バトルを引き起こす3つめの要因は、親が「ねばならない」という強い思い込みで子どもを追いつめてしまうことです。

何度も書いていますが、昭和の強迫観念からくる「頑張らないとダメ!」「完璧にできなければダメ!」「人より優秀でなければダメ!」「人に好かれなければダメ!」「人の役に立たなければ価値がない!」などの思い込みをはじめ、さらに毒親さんの発言によく見られるのが、「(言われなくても) 察して動け!」「親に気を遣え！」「親のために生きろ！」です。

親自身が子どもの頃、親に刷り込まれた思い込みを、そのまま子どもに押し付けて、ついガミガミ指示命令してしまうのです。

強迫観念の強さは、不安の強さです。

親が強い不安にかられて子どもを追いつめると、本当はマイペースで、のんびりじっくり自分の興味のあることをやりたい、もっと楽しんで、物事に取り組みたい、そんな子どもの自然な気持ちを踏みにじってしまいます。またそれ以上に、子どもに苦痛ばかり強いてしまいます。

それでは、子どもが抗議したくなるのも当然ですよね。

実際、子どもの主張のほうが、人として至極もっともなことが多いのです。

親が自分の強迫観念を意識的、無意識的に押し付け続けると、思春期以降、子どもが家庭内暴力を起こすこともあります。

子どもにしてみれば、口でいくら言っても親には通じない上、親が無神経に子どもを傷つける言葉を発し続けるので、もはや暴力に訴えるしかないのです。

一般に、子どもの家庭内暴力というと、暴れる子どもが加害者で、親が被害者のような印象がありますが、実は、子どもが暴力を振るう前に、かならず親が子どもを深く傷つけています。子どもは傷つけられたから怒っているのであって、暴力の引き金を引いているのは、親の側なのです。

親子バトルにはならなくても、不登校や摂食障害など、今の子どもはいろいろな形で症状を出して、親に抗議します。

やりたくないことばかりやらされているうちに、やりたいことをする気力もなくなり、「何もしない」という選択をしたり、絶望して、生きること自体をやめてしまうケースもあるほどです。

毒親さんのなかには、自分の非をいっさい認めず、「自分は正しい」と思い込んでいる人も少なくありません。ですが、親子バトルになる場合は、かならず親の側に非があります。先に、親が子どもを、とことん傷つけているのです。

親がそれに気づけないほど、感情がマヒしてしまっていることが、悲劇の元だとも言えます。

親がそうなってしまったのも、彼らの子ども時代が苛酷《かこく》だったためで、親が「悪い」わけではありません。

言ってみれば、感情がマヒしている毒親さんも、親に傷つけられている子どもたちも、みな「戦争後遺症」に苦しんでいる、ということです。


子どものことでお悩みの親御さん、「おかしいのは、自分のほうだったんだ」「自分が子どもを傷つけていたんだ」「古い価値観を押し付けていただけで、もう時代は変わったんだ」そう気づいてください。

親の意識が変わって、子どもに共感できるようになれば、親子関係は、かならずよくなっていきます。

長年、拠《よ》りどころにしてきた価値観を手放すのは、なかなか困難なことですが、ぜひ、お子さんのために、ご自身を変えてほしいと願っています。

父親は、意外な盲点

根深い「父親トラウマ」

さて、ここで、多くの人が気づいていないけれど、実はとても重要な、父親との関係について、書いておきます。

わたしのお客様には、いらしたときは母親のことで悩んでいると思っていて、カウンセリングが終わると、「父親だったなんて……」と、呆然としながらお帰りになる方が、ときどきいらっしゃいます。

「父親のことなんて、考えたこともありませんでした」と驚く方もいます。

それくらい、父親は意識の上では影がうすかったり、存在感がなかったりするのですが、実は重要な存在なのです。

たとえば、母親のことで困っていたり、子どもの問題で悩んでいたり、ご自身の毒親後遺症で苦しんでいる方で、異性関係や夫婦関係には、なんの問題もない、という方は少数派で、たいていは、何かしらのお悩みがあります。

また、子どもが問題を起こしたり症状を出すのは、「両親に仲良くなってほしい」と無意識に願っているからでもあります。

だから、「夫婦仲もよくする必要があるんですよ」とお伝えすると、「うえ〜」と嫌そうな表情をされる方が、少なくありません。夫と向き合うことに、強い抵抗があるのですね。

ですので、夫の問題は無視できませんし、非常に重要で、深いのです。

なぜなら、夫の問題は、実は「父親トラウマ」が原因であることが、ほとんどだからです。

夫への不満は、父親に我慢してきたこと

わたしの経験では、夫への不満というのは、子どものときに、父親に我慢してきたことの再体験です。

多くの場合、結婚して子どもができたとたん、自分が育った実家族を無意識に重ねて見るようになり、夫には父親を投影します。

それで、怖かった父親には黙って我慢していたことを、夫には我慢せずに、イライラや怒りにしてぶつけてしまうのですね。

Part 1でも述べた通り、異性の親というのは、最初の恋人みたいなものですから、実態よりもかなり美化していることが多いのです。男性が、母親を美化しているように（例外はありますが）、女性は父親を美化しがちなため、父親のトラウマというものは、なかなか意識化できないのです。

実際、お客様には、母親についてはひどかったことばかり意識していて、父親についてはよかったことだけ意識している、そんな方もいらっしゃいます。

本当は、母親にもいいところはあったし、父親にも我慢してきたことはあったはずで、これが「美化」なのですね。

父親とは真逆の人を選んだはずが……

多くの女性が、子どもの頃、父親の嫌だった点に関して、そうではない男性を伴侶《はんりょ》に選んでいます（なかには、父親そっくりの男性と結婚している方もいますが）。

たとえば父親が威張っていて、支配的なのが嫌だったのなら、やさしくて、何でも「いいよ」と言ってくれる男性と結婚しているでしょう。

逆に父親がいつも母親の言いなりだったのが情けなくて嫌だったのなら、もっと自己主張の強い、主体性のある男性を選ぶでしょう。

父親が神経質で几帳面なのが息苦しくて嫌だったのなら、ちょっとズボラでいいかげんな人のほうが楽だと思って、そういう人と結婚しているかもしれません。

だから、自分の思い通りにはなっているのですが、現実には、やさしくて何でも言う通りにしてくれる夫を「物足りない、男らしくない」と感じていたり、自己主張が強くて、言うことを聞いてくれない夫を「モラ夫なのでは？」と疑っていたり、ズボラな夫に「なんでこんなにだらしないの！」とイライラしていたりするのですね。

そして、「父親はもっと男らしかった・優しかった・きちんとしていた」などと、夫とくらべて「父親のほうがよかった」と思っていたりします。

女心は、複雑ですね。

それというのも、「父親のここが嫌だ」という本心は、子どものときに抑圧して、自分では意識できていないことが多いからです。本当は、その嫌なところを、ずっと我慢していたのだけれど、それにフタをして、「なかったこと」にしているのです（もちろん、ちゃんと意識していることもありますが）。

そうやって、父親のことは美化していながら、夫については、欠点やアラばかりが目についてしまうのです。

さらに言うと、父親に関して「嫌だ」と感じていたことについては真逆の人を選んでいますが、そうでないことについては、夫に父親と同じようなことを感じています。

たとえば、夫が馬鹿みたいに見えたり、幼く感じられたり、身勝手だなどと不満に感じる場合、子どもの頃、父親が馬鹿みたいだとか、幼いとか、身勝手だと感じていたのです。

でも、自分の父親が馬鹿とか幼いとか、身勝手だったなどと思いたくありませんから、その思いは抑圧して、意識できないようにしています（これも、抑圧せず意識している人もいます）。

そのため、ひたすら夫の問題、夫の欠点として考えてしまうのですが、実は、父親に対して、そう感じていたのです。

夫への不満が強い方に、「父親トラウマと向き合っていくと、ご主人もよくなりますよ」とお伝えすると、「先生、それだけは信じられません。夫が悪いんです」と力強くおっしゃることが多いのですが、それほど、父親トラウマは根が深く、異性に対する「思い込み」は強固なのです。

あなたの男性観は、父親を見ていて思い込んだこと

わたしはよく、お客様に、「ご主人に感じている不満を、リストアップしてください」とお伝えします。

たとえば、「夫は話を聞いてくれない」「夫は察してくれない」「夫はすぐ怒る」などといった具合に。それから、そのリストを「男は◯◯」と主語を変えてみてください、とお願いします。「男は話を聞かない」「男は察しない」「男はすぐ怒る」というふうに。

その「男は◯◯」というリストが、あなたの男性に対する「思い込み」であり、お父さんを見ていてできた男性観なんですよ、とお伝えしています。

Part 1でも触れましたが、わたしのお客様によくある思い込みは、「男は女に負担をかける」です。

お母さんが姑との関係や、家事や仕事、介護などでいつも大変そうなのに、お父さんが非協力的なのを見て、そう思い込んでしまったのですね。

そうすると、わたしたちは、自分が持っている「思い込み」の通りの「主観的現実」を体験しますので、やはり身近な男性に、さまざまな形で負担をかけられます。

「付き合う相手がダメンズばかりで……」といったお話もありますが、それも「男は女に負担をかける」という思い込みがあるせいで、その通りになっている可能性があります。

あるいは、母親が父親の悪口ばかり言っていて、「父親はダメな人」だと思い込み、自分の中の男性観がダメンズになっているのかもしれません。

あるいは、子どもの頃の親の言動で「自分には価値がないから、まともな男性に好かれるはずがない」と思い込んでいて、その通りになっているのかもしれません。

いずれにせよ、自分の中の思い込みが原因であって、いわゆる「男運が悪い」わけではないのです。

本当は、男性もあなたの味方です

両親がよく喧嘩をしていて、父親が怒って怒鳴ることがあったなら、かならず、「男は怖い」という思い込みができています。

たとえ、自分が怒鳴られたことがなくても、父親が母親に怒鳴っているのを見聞きするだけで、幼い子にはとても怖いことだからです。

また、母親がかわいそう、母親を守らなければ、と思っていた人は、「男は敵だ」という思い込みも持っています。

無意識に「男は怖い」「男は敵だ」と思っていると、怒鳴ったことなどない、やさしい夫でも、家にいるだけで、なんとなく居心地が悪いと感じますし、わけもなくイライラしたりします。

職場などでも、男性に対して、無意識に警戒しています（父親に怒鳴られて育った人は、職場でも、男性上司に怒鳴られることが多いです）。

ですので、夫婦の関係をもっとよくしたい、職場で男性上司に怒鳴られないようにしたい場合は、父親に対して感じていた本当の感情と、しっかり向き合う必要があるのです。

世の中の半分は男性ですから、男性がみな、実は自分の味方で、親切で、自分を尊重してくれると思えるようになれば、ずいぶん楽になりますよね。

自分の思い込みが変われば、現実も変わります。

気になる方は、ぜひ、父親トラウマに向き合ってみてください。

まずは、夫に対する不満や、日々イライラすることをリストアップして、「本当は、父親にも同じことを感じていたのかもしれない」と疑って、ひとつひとつ、過去をじっくり振り返ってみてください。

「本当は、父親にもっと◯◯してほしかったんだ」という思いや、子どもの頃、我慢していた気持ちが身体で感じられると、とてもいいのです。

そんな取り組みをしていくと、かならず、夫の見え方が変わってきますし、夫の言動も変わってきます。

ぜひ、試してみてくださいね。

親孝行って、しなければいけないの？

子どもは、親の介護をしないほうがいい

さてここで、「高齢毒親」と介護の問題について、書いておきますね。

わたしのお客様には、親の介護が始まったとたん、過去のトラウマ感情、つまり、子どものときからずっと我慢してきた感情が浮上してしまい、「苦しくてたまらない」という方が、たくさんいらっしゃいます。

「母に触ることができません！」とおっしゃった方もいます。

イライラと怒りが噴出して、毎日親を罵倒してしまう、という方もいれば、同居している親が近づいてくると、思わず後じさってしまう、という方もいます。

一方で、親が認知症になったので施設にお世話になっている、という方も多いですし、デイケアなどを利用されている方も多いです。

プロはさすがによくわかっていらして、とてもありがたい、というお話が多いのですね。

そんなわけで、わたしがカウンセリングのお客様によくお伝えしているのは、「自分ひとりで、親の面倒を見ようと思わないでください。無理ですから。ぜひ、他人の手、プロの手を借りてください」ということです。

他人なら、仕事としてうまくできることでも、親子だと、過去に抑圧してきた強い感情が噴出して、大変な事態になりかねないからです。

ここにはとても書けないような悲しい出来事もありました。だからこそ、「親の面倒は、見ないでください」と、あえてお伝えしているのです。

子どもに勉強を教えたことがある方ならわかると思います。他人の子なら、どんなにできなくても冷静に教えられますが、わが子だと「なんでこんなこともわからないの！」なんて感情的になってしまいがち。

親が子どもに勉強を教えないほうがいいように、子どもが親の面倒を見ないほうが、お互いにとって、健全なのです。

ここまで読んで、「えっ、親孝行は、子どもの義務じゃないの？」と思われたでしょうか？

「親孝行」とは儒教の概念で、「家制度」が定められ、「妻は夫に従い、子は親に従え」とされた時代の考え方です。終戦後「家制度」は廃止され、現在は憲法で、個人の自由と平等が保障されています。

そもそも、親への感謝とか、恩返しをしたいという気持ちは、自然にわいてくるものであって、義務ではないはずです。

くれぐれも、一人で親を背負い込まないこと、できる範囲でやればいい、人の助けを借りていい、ぜひ、そんなふうに考えてほしいと思います。

本当の原因がわかれば、現実はよくなる

家族の関係をよくするためにどうすればいいか、最後にまとめたいと思います。

これまで書いてきたように、あらゆる現象には原因があります。

日常生活で、イライラすること、モヤモヤすることは、すべて「トラウマ反応」

であり、過去にかならず原因があります。

その「本当の原因」を突きとめることを、わたしは「謎解き」と呼んでいます。お客様の生育歴をうかがいながら、パズルを解くように、あるいは真犯人は誰かを推理するように謎解きをしていくのですが、目の前の現実に、かならず重要なヒントがあります。

ただし、目の前の現実はすべてヒントで、本当の原因ではありません。

ですので、「相手は関係ないんですよ」といつもお伝えしています。自分の意識の中にある「本当の原因」に気づけば、相手はあっさり変わってしまうからです。

たとえば、先に述べた通り、「夫が嫌でたまらない」というお悩みのある方は、夫のことばかり考えていますが、実は子ども時代の父親の言動に、本当の原因があります。

職場の上司や同僚、ママ友などに苦手な人がいて悩んでいる人は、相手のことばかり考えていますが、実は子ども時代に身近にいた誰かを、その人に投影していきます。

自分が過去に我慢していた感情が、本当の原因です。

その本当の原因に気づくだけでも、現実が少し変わって、よくなります。

ただ、「本当の原因」は、本人がすっかり忘れていたり、つらすぎて抑圧していることも多いため、自分ひとりでは、なかなか気づけないこともよくあります。

わたし自身、自分の問題に取り組む際には、人の助けを借りています。

今はインターネットというすばらしいツールがありますので、ぜひ、必要な情報を収集して、人の助けも借りながら、お悩みを解決していってほしいと思います。

わたしの経験では、「この問題を（いついつまでに）解決する！」とハラから決めると、必要な情報が入ってきたり、助けてくれる人が目の前にあらわれたりします。

多くの方が、悩むばかりで、「こう変える！」という、ゴールを決めるということをしていません。

「変わりたい」とか「変えたい」ではなく、「変える！」とぜひ決めてください。

そして、意識のなかでも最強のパワーを持つ、「意志」を有効活用してください。

ぐるぐる考えないで、感じよう

わたしはこの仕事をしていて、人が経験する「主観的現実」の多くが、過去の「感情体験」の繰り返しであることに気づきました。

たとえば、どこへ行っても男性に怒鳴られるとか、女性にマウンティングされるとか、人前で叱責されて恥をかかされる、馬鹿にされる、人とくらべられて落ち込む……などなど、嫌な経験というのは、たいてい何度も繰り返し起きていると思います。

普通は「なぜ、あの人は、あんなひどいことをするのだろう」とか「自分が悪いせいだ」などと、他罰や自罰の思考にハマって、ぐるぐる悩んでしまいますが、そうしたことは、いっさい関係ありません。

本当の原因は、遠い過去の感情体験にあります。

子どものとき、ぐっと我慢した感情（トラウマ）があると、そのときと同じ感情体験をさせるような現実を、わたしたちは繰り返し作りだすようにできています。

だから、そのトラウマがなくなれば、もう二度と、同じような経験をしなくなります。つまり、現実が変わるのです。

あることが気になったり、モヤモヤ、イライラしたりするのは、過去に抑圧した感情が浮上しているからです。「こういうトラウマがありますよ」というサインなのです。

だから、ひとつひとつ丁寧に、本当の原因に気づくようにして、元のトラウマ感情を感じていくと、現実が変わっていくのですね。

そうやって、少しずつ現実を変えていくと、モヤモヤ、イライラすることがなくなっていき、生きるのが楽になります。

そして、「今ここ」にいられる時間が増えて、幸せや喜びを感じられるようになります。

ぜひ、勇気をだして、過去に抑圧してきた不安や恐怖、悲しみ、怒りに意識を向けて、そうしたトラウマ感情を解毒していくことで、生きづらさを解消していってほしいと思います。

おわりに

親に対する感情は、非常に複雑です。

子どもはみな、親に無条件で愛されたい、ありのままを認めてほしい、わかってほしい、やさしくしてほしい、そんな強い思いを抱いています。でも、親の「毒」が強く、支配的であればあるほど、日々、脅されて、我慢を強いられ、気持ちや意思を無視されて、とことん傷つくことになります。

そのため、強い愛着もあれば、抑圧した恐怖や悲しみ、怒りや恨みも抱えるという、アンビバレンツな状況に陥りがちです。だから、何歳になっても、親のことで、悶々と苦しい思いをしている方が、たくさんいるのです。

また人は、子ども時代に、周囲の大人のまねをすることで生き延びるようにできています。それが、たった数世代で、社会が激変する時代には、親のコピーをすると、かえって不適応となり、生きづらくなるという現象が起きます。

核家族化で、未熟な産みの親が絶対的存在となり、さらに社会の変化が速すぎて、人々の価値観の変化が追いつかない、そんな時代だからこそ、子育てがむずかしく、生きづらさに悩む人が多いのです。

子どもにとって、どんなにとんでもない毒親でも、彼ら自身が、親からそのように育てられてきたケースがほとんどです。無意識に、親と同じことを繰り返すのは、人の宿命でもあります。わたしはこの仕事をしていて、「誰も悪くない。みな必死だったんだ」と痛感しています。

ただ、気づくことで「毒の連鎖」から抜けることはできます。意志の力で自分を変えることは可能だからです。本書が少しでも親子が理解し合い、毒の連鎖から抜けて、楽に生きられるようになるお役に立てれば、それ以上の喜びはありません。

最後に、わたしのブログを見つけてくださり、『私のまいにち』連載と書籍化を実現してくださった、毎日新聞出版の五十嵐麻子さんをはじめ、お世話になったすべてのみなさまに、深くお礼申し上げます。

令和元年5月　高橋リエ

著者紹介

高橋リエ（たかはし・りえ）

母娘＊謎解きカウンセラー
30 代半ばの結婚・出産後、子育てにつまずき悩み、思春期になった子の不登校を経験し、自分が重度のアダルトチルドレンだと気づく。
自身の問題に取り組みながら心理療法を学び、カウンセラーとして活動を始める。

都内メンタルクリニック勤務を経て、2013 年に独立。親の呪縛を解いて自由に生きることをめざす〈自分再生＊リバースカウンセリング〉は口コミで広まり、主催するサロンには 500 名を超える女性が参加。これまでに 3000 名を超える女性のカウンセリングを行なう。メルマガ読者は海外にも広がり、現在 7300 名。

著書に『お母さん、私を自由にして！』(飛鳥新社)『恋愛低体温症』（総合法令出版）がある。

気《き》づけない毒親《どくおや》

第 1 刷　2019 年 6 月 30 日
第 2 刷　2019 年 11 月 20 日

著　者　高橋《たかはし》リエ

発行人　黒川昭良
発行所　毎日新聞出版
〒 102-0074　東京都千代田区九段南 1-6-17　千代田会館 5 階
営業本部：03（6265）6941
図書第二編集部：03（6265）6746

印刷・製本　中央精版印刷

ISBN978-4-620-32590-3